Marschner/Pawelzig · Wie wird meine Rente berechnet?

Wie wird meine Rente berechnet?

Ein Ratgeber zum Rentenrecht in den neuen Bundesländern

von
Andreas Marschner und
Jürgen Pawelzig

Rudolf Haufe Verlag
Freiburg · Berlin

Die Deutsche Bibliothek – CIP-Einheitsaufnahme

Marschner, Andreas:
Wir wird meine Rente berechnet? : Ein Ratgeber zum
Rentenrecht in den neuen Bundesländern /
von Andreas Marschner und Jürgen Pawelzig /
Freiburg (Breisgau); Berlin: Haufe, 1994
  (Rechtsratgeber)
  ISBN 3-448-02785-5
NE: Pawelzig, Jürgen:

ISBN 3-448-02785-5   Bestell.-Nr. 47.19

© Rudolf Haufe Verlag GmbH & Co. KG Freiburg · Berlin 1994
Lektorat: Fritz Eckardt
Satz: Satzstudio MediaSoft Berlin
Druck: Rudolf Haufe Verlag, Freiburg

Inhaltsverzeichnis

Die Rentenarten

Rentenrechtliche Zeiten

Wie berechnet sich die Rente? – Die Rentenformel

Abkürzungen und Kurztitel von Rechtsvorschriften

AAÜG	Gesetz zur Überführung der Ansprüche und Anwartschaften aus Zusatz- und Sonderversorgungssystem des Beitrittsgebietes (Anspruchs- und Anwartschaftsüberführungsgesetz) vom 25. 7. 1991, BGBl I S. 1677, zuletzt geändert durch Art. 3 Rü-ErgG vom 24. 6. 1993, BGBl. I S. 1043
AFG	Arbeitsförderungsgesetz vom 25. 6. 1969, BGBl. I S. 582, zuletzt geändert durch Erstes Gesetz zur Umsetzung des Spar-, Konsolidierungs- und Wachstumsprogramms (1. SKWPG) vom 21. 12. 1993, BGBl. I. S. 2353
AFG-Änderungsgesetz	Gesetz zur Änderung von Förderungsvoraussetzungen im Arbeitsförderungsgesetz ' und in andere Gesetzen vom 18. 12. 1992, BGBl. I S. 2044.
aR	aktueller Rentenwert
ArEV	Verordnung über die Bestimmung des Arbeitsentgelts in der Sozialversicherung – Arbeitsentgeltverordnung vom 18. 12. 1994, BGBl. I S. 1644, zuletzt geändert durch Verordnung vom 12. 12. 1989, BGBl. I S. 2177
BfA	Bundesversicherungsanstalt für Angestellte
BGB	Bürgerliches Gesetzbuch
BGBl.	Bundesgesetzblatt, Teil I und II

9

BSG	Bundessozialgericht
BSV 1994	Verordnung zur Bestimmung der Beitragssätze in der gesetzlichen Rentenversicherung für 1994, zur Siebten Anpassung der Renten in dem in Artikel 3 des Einigungsvertrages genannten Gebiet und über maßgebende Rechengrößen der Sozialversicherung für 1994 – Beitragssatzverordnung 1994 vom 1. 12. 1993, BGBl. I S. 1987
EP	Entgeltpunkte
FRG	Fremdrentengesetz vom 7. 8. 1953, BGBl. I S. 848, i. d. F. vom 25. 2. 1960, BGBl. I S. 93, zuletzt geändert durch Rentenüberleitungs-Ergänzungsgesetz vom 24. 6. 1993, BGBl. I S. 1038, 1050
FZR	Freiwillige Zusatzrentenversicherung (DDR)
GBl.	Gesetzblatt der DDR, Teil I und II
Haushaltsgesetz 1993	Gesetz über die Feststellung des Bundeshaushaltsplans für das Haushaltsjahr 1993 vom 21. 12. 1992, BGBl. I S. 2229
KSchG	Kündigungsschutzgesetz vom 10. 8. 1951, BGBl. I S. 499, i. d. F. vom 25. 8. 1969, BGBl. I S. 1317, zuletzt geändert durch Fünfte Zuständigkeitsanpassungsverordnung vom 26. 2. 1993, BGBl. I S. 278
KSVG	Gesetz über die Sozialversicherung der selbständigen Künstler und Publizisten – Künstlersozialversicherungsgeetz vom 27. 7. 1981, BGBl. I S. 705
KVdR	Krankenversicherung der Rentner
MuSchG	Gesetz zum Schutze der erwerbstätigen Mutter –Mutterschutzgesetz vom 24. 1. 1952, BGBl. I S. 69, i. d. F. vom 18. 4. 1968, BGBl. I, 315
RAF	Rentenartfaktor

Rentenverordnung der DDR	Verordnung über die Gewährung und Berechnung von Renten der Sozialversicherung vom 23. 11. 1979, GBl. I S. 401
RRG 1992	Gesetz zur Reform der gesetzlichen Rentenversicherung – Rentenreformgesetz 1992 vom 18. 12. 1989, BGBl. I S. 2261, zuletzt geändert durch das Gesundheitsstrukturgesetz vom 21. 12. 1992, BGBl. I S. 2266
Rü-ErgG	Gesetz zur Ergänzung der Rentenüberleitung – Rentenüberleitungs-Ergänzungsgesetz vom 24. 6. 1993, BGBl. I S. 1038
RÜG	Gesetz zur Herstellung der Rechtseinheit in der gesetzlichen Renten- und Unfallversicherung – Renten-Überleitungsgesetz vom 25. 7. 1991, BGBl. I S. 1606, geändert durch Änderungsgesetz vom 18. 12. 1991, BGBl. I S. 2207
RÜG-ÄndG	Gesetz zur Änderung des Renten-Überleitungsgesetzes – RÜG-Änderungsgesetz vom 18. 12. 1991, BGBl. I S. 2207
RV-BZV	Verordnung über die Zahlung von Beiträgen zur gesetzlichen Rentenversicherung – RV-Beitragszahlungsverordnung vom 30. 10. 1991, BGBl. I S. 2057
Rz.	Randziffer
Sachbezugsverordnung	Verordnung zur Änderung der Sachbezugsverordnung 1993 vom 10. 12. 1993, BGBl. I S. 2171
SchwbG	Gesetz zur Sicherung der Eingliederung Schwerbehinderter in Arbeit, Beruf und Gesellschaft – Schwerbehindertengesetz vom 16. 6. 1953, BGBl. I S. 389, i. d. F. vom 26. 8. 1986, BGBl. I S. 1421, Ber. S. 1550, zuletzt geändert durch Gesetz zur Entlastung der Rechtspflege vom 11. 1. 1993, BGBl. I S. 50
SBZ	Sowjetische Besatzungszone

SGB I	Sozialgesetzbuch – Allgemeiner Teil vom 11. 12. 1975, BGBl. I S. 3015
SGB IV	Sozialgesetzbuch – Sozialversicherung vom 23. 12. 1976, BGBl. I S. 3845, zuletzt geändert durch Gesundheitsstrukturgesetz vom 21. 12. 1992, BGBl. I S. 2266
SGB V	Sozialgesetzbuch – Gesetzliche Krankenversicherung vom 20. 12. 1988, BGBl. IS. 2477, 2482
SGB VI	Sozialgesetzbuch – Rentenversicherung siehe RRG
1. SKWPG	Erstes Gesetz zur Umsetzung des Spar-, Konsolidierungs- und Wachstumsprogramms vom 21. 12. 1993, BGBl. I S. 2353
Sozialgerichtsgesetz	Sozialgerichtsgesetz vom 3. 9. 1953, BGBl. I S. 1239, i. d. F. vom 23. 9. 1975, BGBl. I S. 2535, zuletzt geändert durch Fünftes Gesetz zur Änderung des Gesetzes über das Bundesverfassungsgericht vom 2. 8. 1993, BGBl. I S. 1442
WGSVG	Gesetz zur Regelung der Wiedergutmachung nationalsozialistischen Unrechts in der Sozialversicherung i. d. F. vom 22. 12. 1970, BGBl. I S. 1846

Vorwort

Seit dem 1. Januar 1992 gilt in ganz Deutschland ein neues Rentenrecht. Es ist ein kompliziertes Rechtsgebiet, das besonders die Bürger der jungen Bundesländer mit vielen schwierigen Fragen konfrontiert. Dazu gehört die Frage, wie sich die Zeit des Arbeitens und Lebens in der DDR auf die Rente auswirkt. Die Antworten auf diese Fragen sind häufig nicht allein in den Vorschriften des Sozialgesetzbuchs (SGB) zu finden, in welches das reformierte Rentenrecht aufgenommen wurde. Oft sind die Vorschriften des noch fortgeltenden DDR-Rentenrechts und eines Übergangsrechts anzuwenden, die bis zum Ende des Jahres 1996 gelten und im Rentenüberleitungsgesetz (RÜG) zusammengefaßt sind.

Dieser Ratgeber wendet sich vor allem an Rentner in den jungen Bundesländern und an Personen, für die das Datum der Abgabe ihres Rentenantrags immer näher rückt. Er will behilflich sein, die Angaben des Rentenbescheids verstehen und überprüfen zu können. Dem Antragsteller für eine Rente soll sich mit der Lektüre erschließen, weshalb im Antragsformular nach bestimmten Daten gefragt wird und welche Bedeutung ihnen für die Rente zukommt.

Fragen der gesetzlichen Rentenversicherung sollten aber auch jüngere Menschen nicht gleichgültig lassen. Wer als Erwerbstätiger beschäftigt ist, sichert mit dem erzielten Arbeitsentgelt oder Arbeitseinkommen nicht nur die gegenwärtige eigene Existenz und die der Familie. Indem ein Teil dieses Einkommens an die Träger der Rentenversicherung abgeführt wird, trifft er Vorsorge für sein Alter und das Risiko verminderter Erwerbsfähigkeit aus gesundheitlichen Gründen. Der Erwerbstätige steht vor dem Problem, ob ihm die gesetzliche Rentenversicherung eine ausreichende Vorsorge bietet oder ob es empfehlenswert ist, sie durch eigene Vorsorgemaßnahmen zu ergänzen. Dieser Ratgeber kann helfen, auch hier eine Antwort zu finden.

Häufig fragen sich die Bezieher von Arbeitslosengeld und anderen Sozialleistungen besorgt, wie sich die Zeiten des Bezugs solcher Leistungen auf die künftige Rente auswirken.

Auf diese und viele weitere konkrete Fragen des neuen Rentenrechts geht dieser Ratgeber ein. Er möchte darüber hinaus die grundlegenden Zusammenhänge des neuen Rentenrechts verdeutlichen und so das Verständnis für so manche komplizierte Detailfrage erleichtern.

Praxishinweis: *Dieser Ratgeber kann nicht auf alle Einzelfragen eingehen, die in einer Rentenangelegenheit auftreten können. Zu ihrer Klärung sollte ein persönliches Beratungsgespräch bei der Rentenversicherung genutzt werden.Die Träger der Rentenversicherung (die Bundesversicherungsanstalt für Angestellte [BfA] bzw.die örtlichen Landesversicherungsanstalten [LVA]) haben in den jungen Bundesländern mittlerweile zahlreiche Beratungsstellen eingerichtet, siehe auch Anhang.*

Von der Rente hängt in Deutschland das Schicksal von vielen Millionen Menschen ab. Politiker, Wissenschaftler und viele Bürger bewegt die Frage: Wie sicher ist die Rente? Die Antwort hängt von der Wirtschaftsentwicklung, die nicht vorausbestimmbar ist, und von der Bevölkerungsentwicklung ab, die für einen überschaubaren Zeitraum berechenbare Folgen für die Rentenversorgung verursacht. Als gesicherte Erkenntnis aufgrund der Bevölkerungsentwicklung kann schon jetzt gelten: Soll auch in Zukunft das bestehende Rentenniveau aufrechterhalten werden, ist dies mit den bestehenden Finanzierungsregelungen wohl nicht zu gewährleisten. So gewichtig diese Frage auch ist, es kann nicht Sache eines Ratgebers in Rentensachen sein, sich mit ihr auseinanderzusetzen.

Aus gleichen Gründen kann sich diese Schrift nicht an der Diskussion darüber beteiligen, ob es gelungen ist, mit den Regelungen zur Übernahme von Rentenansprüchen und -anwartschaften aus der DDR in die gesetzliche Rentenversicherung in jedem Falle sozial gerechte Lösungen zu finden. Diese Ausführungen können jedoch für die Diskussion insofern nützlich sein, als mit ihnen eine genauere Kenntnis der Regelungen selbst erlangt werden kann.

Die Rente der gesetzlichen Rentenversicherung hat in der östlichen Bundesrepublik eine ungleich größere Bedeutung als in der westlichen. Die Rente ist im neuen Rentenrecht als eine Grund- oder Mindestsicherung angelegt, bedarf also zur Aufrechterhaltung eines erreichten Lebensstandards im Alter ergänzender Sicherungen. Wie statistische Angaben belegen, sind in den Altbundesländern nur wenig mehr als die Hälfte der Altersrentenbezieher allein auf die Rente angewiesen. Im Osten hingegen sind bis auf sehr wenige Privilegierte, die es zu einer gewissen Vermögensbildung gebracht haben, alle Rentenbezieher allein auf die Rente als Alterssicherung angewiesen.

Nicht zuletzt daraus resultiert das große Interesse an den neuen rentenrechtlichen Regelungen, dem die Autoren mit diesem Ratgeber Rechnung tragen wollen.

Welches sind die gesetzlichen Grundlagen des neuen Rentenrechts?

1 Das neue Rentenrecht ist im Sechsten Buch des Sozialgesetzbuchs (SGB VI), dem „Rentenreformgesetz 1992" vom 18. 12. 1989 geregelt.

> **Praxishinweis:** *Vorschriften des Sozialgesetzbuchs und anderer Rechtsvorschriften werden als Klammerhinweis angegeben, um eine weitere Beschäftigung mit dem Gesetzestext zu erleichtern.*

Zahlreiche Übergangs- und Sonderregelungen für die jungen Bundesländer (die Rentengesetze bezeichnen sie als das Beitrittsgebiet) wurden einesteils durch das umfangreiche Renten-Überleitungsgesetz (RÜG) vom 25. Juli 1991 in das SGB VI eingefügt. Anderenteils sind sie in selbständigen Teilen des Renten-Überleitungsgesetzes (RÜG) geregelt (z. B. die Vertrauensschutzregelungen für die rentennahen Jahrgänge in Art. 2 RÜG und die besonderen Vorschriften in Art. 3 RÜG, in denen die Überführung der sog. Zusatz- und Sonderversorgungen der ehemaligen DDR geregelt ist (vgl. Rz. 138 ff.)

Bei dem Erarbeiten der Überleitungsregelungen mußte die Gesetzgebung die Systemunterschiede beachten, die zwischen dem Rentenrecht der alten Bundesrepublik und dem Recht der DDR viele lange Jahre bestanden haben. Sie stand vor der höchst schwierigen Aufgabe, Überleitungsregelungen zu schaffen, die zur Rechtseinheit im deutschen Rentenrecht führen sollen. Im Gesetzgebungsprozeß zur Rentenüberleitung mußte insbesondere dem Erfordernis einer kontinuierlichen Rentenzahlung Rechnung getragen werden, und ebenso mußten auch die Arbeitsmöglichkeiten der Rentenversicherer beachtet werden. Sicherzustellen war auch, daß die zum 1. Januar 1992 vorgenommene Neuberechnung der ostdeutschen Renten nicht zu einer Minderung des Rentenzahlbetrages führt.

Die gesetzgeberischen Entscheidungen mußten in einer sehr kurzen Zeitspanne vorbereitet und dann rasch getroffen werden. Wie viele Beispiele aus der deutschen Rechtsgeschichte belegen, wirkt sich besondere Eile in der gesetzgeberischen Arbeit regelmäßig mindernd auf die Qualität der Gesetze aus. Auch bei dem Rentenüberleitungsgesetz wurde alsbald – insbesondere auch vermittelt über die Rechtsprechung – Korrekturbedarf erkennbar. Bislang wurden zwei Änderungsgesetze zum Rentenüberleitungsgesetz verabschiedet.

Die erste Änderung erfolgte durch das Gesetz zur Änderung des Renten-Überleitungsgesetzes (RÜG-ÄndG) vom 18. 12. 1991, die zweite durch das Gesetz zur Ergänzung der Rentenüberleitung (RÜG-ErgG) vom 24. 6. 1993.

Wer ist in der Rentenversicherung versichert?

Was bedeutet „Versicherung in der Rentenversicherung"?

2 Unter welchen Voraussetzungen ist ein Bürger in die Rentenversicherung einbezogen? Diese Frage stellt sich deshalb, weil einerseits nicht jeder Arbeitnehmer der Rentenversicherungspflicht unterliegt, andererseits auch Personen versichert sind, die keine Arbeitnehmertätigkeit ausüben.

Behandelt wird in diesem Ratgeber nur die Altersvorsorge durch die gesetzliche Rentenversicherung. Neben dieser Form der Alterssicherung, die in der Bundesrepublik als Grund- bzw. Mindestsicherung angelegt ist, gibt es im wesentlichen noch zwei weitere Möglichkeiten einer wirtschaftlichen Vorsorge für das Alter, um den erreichten Lebensstandard aufrechtzuerhalten: Zum einen ist dies die vom Arbeitgeber zugesagte Betriebsrente, zum anderen die private Vorsorge, die z. B. durch den Abschluß eines Lebensversicherungsvertrages getroffen werden kann.

Eine Versicherung in der gesetzlichen Rentenversicherung wird regelmäßig durch **Versicherungspflicht** begründet: Das Gesetz ordnet an, daß bestimmte Personen in die Rentenversicherung einbezogen werden. Nur auf diese Versicherungspflicht beziehen sich die Ausführungen, die weiter unten zu einzelnen Personengruppen gemacht werden (vgl. Rz. 4).

3 Neben der Versicherungspflicht gibt es in der gesetzlichen Rentenversicherung auch die Möglichkeit einer **freiwilligen Versicherung** (§ 7 SGB VI), die vor allem für Hausfrauen und Selbständige in Betracht kommt. Dabei handelt es sich nicht etwa – wie bei der freiwilligen Zusatzrentenversicherung der DDR – um die freiwillige Aufstockung einer Pflichtversicherung. Vielmehr geht es um die Berechtigung von nicht pflichtversicherten Personen, sich freiwillig zu versichern.

Die freiwillige Versicherung besitzt gegenüber der Pflichtversicherung zwei gewichtige Nachteile:

Zum einen verhält es sich im neuen Rentenrecht so, daß eine Rente wegen Berufs- bzw. Erwerbsunfähigkeit grundsätzlich nur erhalten kann, wer zuletzt pflichtversichert war (§ 43 Abs. 1 Nr. 2, § 44 Abs. 1 Nr. 2 SGB VI). Die freiwillige Zahlung von Rentenversicherungsbeiträgen genügt für einen solchen Anspruch nicht. Eine gewisse Ausnahmeregelung hiervon gilt für Ostdeutschland.

Praxishinweis: *Für Bürger der jungen Bundesländer (insbesondere für Hausfrauen) bietet sich folgende Möglichkeit (vgl. § 240 Abs. 2 Nr. 6, § 241 Abs. 2, § 279 b SGB VI): Die Anwartschaft auf eine Berufs- bzw. Erwerbsunfähigkeitsrente bleibt – trotz fehlender Pflichtversicherung – dann erhalten, wenn Monat für Monat ein freiwilliger Mindestbeitrag an die Rentenversicherung entrichtet wird. Es handelt sich um einen verbilligten, nur in Ostdeutschland geltenden Mindestbeitrag, der im Jahre 1994 monatlich 84,48 DM beträgt. Die Möglichkeit der Anwartschaftserhaltung setzt aber voraus, daß bereits seit dem 1. Januar 1992 jeder Monat mit einem freiwilligen Rentenversicherungsbeitrag (oder einer anderen rentenrechtlichen Zeit) belegt wurde.*

Den verbilligten Mindestbeitrag von 84,48 DM können auch erwerbsunfähige Frühbehinderte in den jungen Bundesländern zahlen, die nicht die Voraussetzung einer 5jährigen Wartezeit für eine Rente wegen Erwerbsunfähigkeit (vgl. Rz. 40) erfüllt haben, um auf diese Weise eine „dynamische", d. h. an den regelmäßigen Rentenanpassungen (-erhöhungen) teilnehmende Rente zu erhalten. (Näheres hierzu sollte in einem Gespräch in einer Beratungsstelle der Rentenversicherung geklärt werden).

Der zweite Nachteil der freiwilligen Versicherung gegenüber einer Pflichtversicherung stellt sich wie folgt dar: Die Frauenaltersrente, die ab dem 60. Lebensjahr gewährt wird, kann nur dann beansprucht werden, wenn in der Zeit zwischen dem 40. und dem 60. Lebensjahr überwiegend Pflichtbeiträge zur Rentenversicherung entrichtet wurden (vgl. näher Rz. 26). Um diese Voraussetzung zu erfüllen, genügen freiwillige Beitragszahlungen nicht.

Ganz allgemein kann zur freiwilligen Rentenversicherung bemerkt werden: Die Entrichtung von freiwilligen Beiträgen ist in der Regel nur dann ratsam, wenn

– entweder eine Anwartschaft auf eine Berufs- bzw. Erwerbsunfähigkeitsrente aufrechterhalten werden soll oder

– mit Hilfe weniger freiwilliger Beiträge ganz bestimmte Effekte erreicht werden sollen.

Beispiel:

War eine Hausfrau nur wenige Jahre berufstätig, kann es sinnvoll sein, noch freiwillige Beiträge zu zahlen, um insgesamt auf 5 Beitragsjahre zu kommen und so einen Anspruch auf Altersrente mit Vollendung des 65. Lebensjahres zu erlangen (sog. Regelaltersrente § 35 SGB VI, vgl. näher Rz. 21ff.). Wurden Kinder erzogen, ist die entsprechende Nachentrichtung von freiwilligen Beiträgen unter Umständen noch mit besonderen Vergünstigungen verbunden (sog. Sondernachentrichtung gem. § 284a SGB VI).

Wer sich dazu entschlossen hat, von der freiwilligen Rentenversicherung Gebrauch zu machen, muß vor allem zweierlei beachten:

– Der Mindestbeitrag beläuft sich im Jahre 1994 auf 107,52 DM monatlich (der Höchstbeitrag auf 1 132,80 DM). Wer seine Anwartschaft auf eine Rente wegen Berufs- bzw. Erwerbsunfähigkeit aufrechterhalten will, zahlt aber in den jungen Bundesländern nur 84,48 DM monatlich.

– Freiwillige Beiträge, die für ein zurückliegendes Kalenderjahr vorgesehen sind, dürfen nur bis zum 31. März des Folgejahres nachentrichtet werden (§ 197 Abs. 2 SGB VI). Freiwillige Beiträge für 1994 müssen also bis zum 31. März 1995 eingezahlt werden. Erfolgt für 1993 eine Nachzahlung im Jahre 1994, ist im übrigen der höhere Mindestbeitrag des Jahres 1994 maßgeblich, also der Betrag von 84,48 DM und nicht der für 1993 geltende Betrag von 68,75 DM. Es empfiehlt sich, jeweils im laufenden Jahr auch die freiwilligen Beiträge zu zahlen.

Zur Frage der „Versicherung" in der gesetzlichen Rentenversicherung ist noch allgemein zu bemerken: Ist eine Person in einem bestimmten Zeitraum nicht „versichert", so ist dies nicht gleichbedeutend damit, daß dieser Zeitraum nicht bei der Rentenberechnung mitzählt. Die aus dem Versicherungsverhältnis folgenden Beitragszeiten sind nämlich nur ein Unterfall der rentenrechtlichen Zeiten, die in die spätere Rentenberechnung eingehen (vgl. näher Rz. 55 ff.). Wegen der Verpflichtung zur Beitragsentrichtung, die mit einer Pflichtversicherung einhergeht, ist es aber besonders wichtig, die in der Rentenversicherung pflichtversicherten Personenkreise zu kennen. Diese Personengruppen sollen nun vorgestellt werden.

Arbeitnehmer

Arbeitnehmer (Arbeiter und Angestellte) sind rentenversicherungs- 4 pflichtig (§ 1 Satz 1 Nr. 1 SGB VI). Anders als in der gesetzlichen Krankenversicherung unterliegen in der Rentenversicherung auch höherverdienende (über die Beitragsbemessungsgrenze hinaus verdienende) Arbeitnehmer der Versicherungspflicht.

Praxishinweis: *Manchmal kann es zweifelhaft sein, ob eine Person als Arbeitnehmer („Beschäftigter" im Sinne des Sozialversicherungsrechts) oder als Selbständiger anzusehen ist (zur Frage der Rentenversicherungspflicht von Selbständigen vgl. Rz. 8). Das Gesetz enthält lediglich den Hinweis, daß „Beschäftigung" die nichtselbständige Arbeit ist, die insbesondere in einem Arbeitsverhältnis verrichtet wird (§ 7 Abs. 1 SGB IV).*

Daher muß in Zweifelsfällen die Rechtsprechung des Bundessozialgerichts (BSG) herangezogen werde, die hier nicht näher erläutert werden kann. Als wichtigstes Indiz für eine Arbeitnehmereigenschaft sieht es das BSG an, wenn die Arbeitsleistung in „persönlicher Abhängigkeit" von einem anderen (dem Arbeitgeber) erbracht wird. Auf die wirtschaftliche Abhängigkeit kommt es nicht an (auch der „Millionenerbe" kann Arbeitnehmer sein). Für eine persönliche Abhängigkeit und damit für die Arbeitnehmereigenschaft sprechen z. B. folgende Merkmale:

– Festlegung von Arbeitszeit und Arbeitsort,
– Zurverfügungstellung der Arbeitsgeräte,
– Anspruch auf bezahlten Erholungsurlaub,

- *feste Vergütung der Arbeitsleistung,*
- *kein Unternehmerrisiko (Vergütung nach Leistung, nicht nach Erfolg; kein Einsatz eigenen Kapitals),*
- *persönliche Pflicht zur Arbeitsleistung (Vertretung durch andere nicht zulässig),*
- *Tätigkeit nur für einen (nicht für mehrere) Auftraggeber,*
- *Bezeichnung des Vertrages als „Arbeitsvertrag" und des Beschäftigten als „Arbeitnehmer" bzw. „Arbeiter" oder „Angestellter".*

5   „Versicherungsfrei", also in der Rentenversicherung (und auch in der Krankenversicherung) nicht erfaßt, sind Arbeitnehmer dann, wenn sie lediglich in geringem Umfang arbeiten, also nur „geringfügig" beschäftigt sind (§ 5 Abs. 2 Nr. 1 SGB VI).

Was unter einer „geringfügigen Beschäftigung" zu verstehen ist, folgt aus einer besonderen Sozialversicherungsvorschrift (§ 8 Abs. 1 SGB IV). Danach sind zwei Werte zu beachten.

Der eine Wert betrifft die Höhe des monatlichen **Arbeitsentgelts** (brutto). Eine geringfügige Beschäftigung liegt dann vor, wenn das Arbeitsentgelt den Grenzwert von 440 DM (dieser Wert gilt für das Jahr 1994 in Ostdeutschland) im Monat nicht übersteigt. Allerdings kann dieser Grenzwert mit einem höheren Arbeitsverdienst unter einer bestimmten Voraussetzung auch überschritten werden, ohne daß nun Versicherungspflicht eintritt. Diese Voraussetzung ist, daß der Arbeitnehmer weiteres Einkommen bezieht, z. B. aus einem anderen nicht „geringfügigen" Beschäftigungsverhältnis, aus Vermietung, Zinsen aus einer Geldanlage u. a. In diesem Falle ist die Summe aller Einkommensbestandteile zu bilden. Sollte der Arbeitnehmer in dem zu beurteilenden Arbeitsverhältnis mit seinem Arbeitsverdienst unter dem Wert von einem Sechstel dieses Gesamteinkommens liegen, bleibt er versicherungsfrei.

Beispiel:

Ein Arbeitnehmer ist 1994 beim Arbeitgeber A. für einen Monatslohn von 2 550 DM (voll) beschäftigt. Für 8 Stunden in der Woche geht er beim Arbeitgeber B. einer Nebenbeschäftigung nach und erhält dafür einen Lohn von 450 DM im Monat.

22

Frage: Muß der Arbeigeber B. hierfür Beiträge für die Renten- und Krankenversicherung berechnen und abführen?
Antwort: Nein, denn die Nebenbeschäftigung ist eine geringfügige Beschäftigung. Zwar übersteigt der Verdienst von 450 DM den Grenzwert von 440 DM, aber über dem Betrag von einem Sechstel des Gesamteinkommens liegt er nicht. (2 550 DM plus 450 DM = 3 000 DM Gesamteinkommen. Ein Sechstel davon sind 500 DM.)

Der zweite Wert, der für eine geringfügige Beschäftigung zu beachten ist, betrifft ein bestimmtes Volumen an **Arbeitszeit.** Wer eine Beschäftigung von regelmäßig weniger als 15 Stunden in der Woche ausübt oder innerhalb eines Jahres seit Beginn der Beschäftigung längstens 2 Monate oder 50 Arbeitstage beschäftigt ist, gilt als geringfügig beschäftigt, vorausgesetzt, die Entgelthöhe liegt unter der oben bezeichneten Grenze. Wird nämlich nur einer der beiden Werte, der Entgeltwert oder der Arbeitszeitwert, überschritten, liegt keine geringfügige Beschäftigung mehr vor.

Mehrere geringfügige Beschäftigungen sind zusammenzurechnen.

Beispiel:

Ein Arbeitnehmer arbeitet (in den jungen Bundesländern im Jahre 1994)
– beim Arbeitgeber A für 16 Wochenstunden gegen ein Entgelt von 430 DM monatlich,
– beim Arbeitgeber B für 8 Wochenstunden gegen ein Entgelt von 220 DM monatlich,
– beim Arbeitgeber C für 6 Wochenstunden gegen ein Entgelt von 200 DM monatlich.
Für diesen Arbeitnehmer gilt: Es besteht Versicherungspflicht in der Beschäftigung beim Arbeitgeber A, jedoch Versicherungsfreiheit in den Beschäftigungen bei den Arbeitgebern B und C.
Die Beschäftigung beim Arbeitgeber A ist bereits für sich genommen nicht mehr geringfügig, denn es wird die 15-Stunden-Grenze überschritten (daß die Entgeltgrenze von 440 DM nicht übersteigen wird, reicht zur Begründung der Geringfügigkeit nicht aus). Deshalb ist diese Beschäftigung einerseits der Versicherungspflicht unterworfen, andererseits bei der Zusammenrechnung der Beschäftigungen bei den Arbeitgebern B und C auszulassen, denn nur mehrere geringfügige Beschäftigungen sind zusammenzurechnen. Nur diese beiden Beschäftigungen (weil beide für sich genommen geringfügig sind) können in die Zusammenrechnung einbezogen werden.

Die Zusammenrechnung, die 14 Wochenstunden und 420 DM ergibt, begründet keine Versicherungspflicht, da die Geringfügigkeitsgrenzen auch nach der Zusammenrechnung nicht überschritten werden.

Rentenversicherungsfrei sind auch Beamte (§ 5 Abs. 1 Nr. 1 SGB VI). Bezieher einer Altersrente sind ebenfalls versicherungsfrei (§ 5 Abs. 4 Nr. 1 SGB VI). Keine Versicherungsfreiheit besteht für solche Rentner, die eine Berufs- oder Erwerbsunfähigkeitsrente oder die (noch sehr seltene) Teilrente wegen Alters erhalten.

Praxishinweis: *Bei rentenversicherungsfreien Altersrentnern ist zu beachten, daß der Arbeitgeber trotzdem seinen Beitragsanteil an die Rentenversicherung entrichten muß (§ 172 Abs. 1 Nr. 1 SGB VI). Hierbei handelt es sich im Grunde um eine sozialpolitische Abgabe, welche die bevorzugte Einstellung von Altersrentnern verhindern soll. Die Entrichtung des Arbeitgeberanteils entfällt aber dann, wenn der beschäftigte Altersrentner ohnehin aus anderen Gründen versicherungsfrei ist (z. B. wegen einer geringfügigen, mit einem Entgelt von nicht mehr als monatlich 440 DM verbundenen Beschäftigung).*
Übt ein Beamter eine (nicht nur geringfügige) Nebenbeschäftigung aus, so ist er in dieser Beschäftigung rentenversicherungspflichtig. Die Rentenversicherungsfreiheit von Beamten erstreckt sich also nicht automatisch auf Nebentätigkeiten (dies folgt aus dem letzten Teilsatz des § 5 Abs. 1 Satz 1 SGB VI). Anders verhält es sich in der gesetzlichen Krankenversicherung, in der die Nebenbeschäftigung eines Beamten stets versicherungsfrei ist (§ 6 Abs. 1 Nr. 2 und Abs. 3 SGB V).

Mitarbeitende Ehegatten

6   Gilt es eine etwaige Versicherungspflicht von mitarbeitenden Ehegatten in der Rentenversicherung festzustellen, z. B. bei einer Ehefrau, die im Betrieb ihres selbständig erwerbstätigen Ehemannes mithilft, so ist von folgendem auszugehen:

Dem Grundsatz nach ist der mitarbeitende Ehegatte immer dann rentenversicherungspflichtig, wenn er als „Arbeitnehmer" anzusehen ist. Die Arbeitnehmereigenschaft wird in der Regel zu bejahen sein, wenn der Ehegatte für seine Mitarbeit ein angemessenes Arbeitsentgelt (kein bloßes „Taschengeld") erhält, wenn für ihn Lohnsteuer abgeführt wird und wenn das an ihn gezahlte Arbeitsentgelt als Betriebsausgabe abgesetzt wird.(Zu der Eigenschaft als „Arbeitnehmer" vgl. auch Rz. 4.)

In den jungen Bundesländern ist aber noch die Besonderheit zu beachten, daß mitarbeitende Ehegatten ganz allgemein (ohne nähere Prüfung der Arbeitnehmereigenschaft) rentenversicherungspflichtig sind, wenn die Rentenversicherungspflicht am 31. Dezember 1991 nach dem früheren DDR-Recht bestand (§ 229a Abs. 1 Satz 1 SGB VI).

Die ostdeutsche Sonderregelung gilt solange, wie das bisherige Arbeitsverhältnis (das bereits am 31. Dezember 1991 besteht) auch weiterhin ausgeübt wird. Der mitarbeitende Ehegatte kann aber (bei fehlender Arbeitnehmereigenschaft) von der Rentenversicherungspflicht befreit werden, wenn er die Befreiung bis zum 31. Dezember 1994 beantragt (§ 229a Abs. 1 Satz 2 und 3 SGB VI).

Bezieher von Sozialleistungen, insbesondere Arbeitslose

Versicherungspflicht in der Rentenversicherung besteht auch bei Personen, die bestimmte Sozialleistungen als Ersatz für ausfallendes Arbeitsentgelt erhalten (§ 3 Satz 1 Nr. 3 SGB VI). Hierunter fallen z. B. das Krankengeld aus der gesetzlichen Krankenversicherung (für arbeitsunfähige Arbeitnehmer nach dem Ablauf der Lohnfortzahlung durch den Arbeitgeber) und das Verletztengeld aus der gesetzlichen Unfallversicherung (für arbeitsunfähige Arbeitnehmer nach Ablauf der Lohnfortzahlung, falls die Arbeitsunfähigkeit auf einen Arbeitsunfall zurückzuführen ist).

Vor allem sind aber auch die vielen Bezieher von folgenden Geldleistungen des Arbeitsamtes rentenversicherungspflichtig:

– Unterhaltsgeld, das als begleitende Geldleistung während einer Umschulung gezahlt wird,

– Arbeitslosengeld, das in Höhe und Dauer abhängig vom vorherigen Arbeitsentgelt, von den Beschäftigungszeiten innerhalb der letzten 7 Jahre sowie vom Lebensalter des Arbeitslosen gezahlt wird,

– Altersübergangsgeld, das an über 55jährige Arbeitslose in den jungen Bundesländern gezahlt wird (seit dem 1. Januar 1993 sind Neubewilligungen nicht mehr möglich),

– Arbeitslosenhilfe, die zumeist im Anschluß an ein abgelaufenes Arbeitslosengeld geleistet wird.

Praxishinweis: *Die Arbeitslosenhilfe ist wesentlich davon gekennzeichnet, daß auf diese Leistung ein Einkommen des Arbeitslosen und seines Ehegatten angerechnet wird. Sollte wegen dieser Anrechnung der Betrag der Arbeitslosenhilfe auch sehr gering ausfallen, bleibt ihr Bezug dennoch für den Leistungsberechtigten von ung.*

Er bleibt nämlich Pflichtversicherter in der Rentenversicherung und erhält damit auch den Schutz der gesetzlichen Krankenversicherung.

Selbst wenn die Arbeitslosenhilfe als Folge der Einkommensanrechnung auf Null gekürzt wird, kann eine zugrundeliegende Zeit der Arbeitslosigkeit noch rentensteigernd berücksichtigt werden, nämlich als sog. Anrechnungszeit (§ 58 Abs. 1 Nr. 3 SGB VI). Voraussetzung ist aber, daß der Arbeitslose trotz des fehlenden Arbeitslosenhilfebezuges im Abstand von 3 Monaten beim Arbeitsamt sein Vermittlungsgesuch erneuert (§ 15 Abs. 2 AFG).

Der Bezug der genannten Sozialleistungen begründet aber nur dann eine Versicherungspflicht in der Rentenversicherung, wenn bereits zuvor eine bestimmte Zeit eine solche Versicherungspflicht bestanden hat. Das Gesetz verlangt nämlich, daß im letzten Jahr (nicht Kalenderjahr!) vor Beginn des Sozialleistungsbezugs eine Rentenversicherungspflicht bestanden hat. Dieser Voraussetzung kann in den allermeisten Fällen entsprochen werden.

Praxishinweis: *Fehlt es ausnahmsweise an einer solchen Vorversicherungszeit, kann der Sozialleistungsbezieher gleichwohl auf Antrag rentenversicherungspflichtig werden (§ 4 Abs. 3 Nr. 1 SGB VI). Für die neuen Bundesländer gilt außerdem - unabhängig von einer Vorversicherung - die Sonderregelung, daß derjenige für die weitere Zeit des Leistungsbezugs rentenversicherungspflichtig bleibt, der bereits am 31. Dezember 1991 wegen des Bezugs einer Sozialleistung rentenversicherungspflichtig war (§ 229a Abs. 1 Satz 1 SGB VI).*

Selbständige

Nach dem Recht der DDR waren – ganz anders als in den alten Bundesländern – praktisch alle Selbständigen rentenversicherungspflichtig. Wer bis zum 31. Juli 1991 eine selbständige Tätigkeit aufgenommen hat, ist kraft dieser noch bis dahin fortgeltenden Regelungen als Pflichtversicherter in die Rentenversicherung aufgenommen worden und bleibt auch danach Pflichtmitglied, wenn am 31. Dezember 1991 für ihn Versicherungspflicht bestand. Sofern er nicht auch nach den neuen Bestimmungen als Selbständiger pflichtversichert ist, kann er aber für sich und die mitarbeitenden Familienangehörigen bis spätestens zum 31. Dezember 1994 beantragen, daß die Versicherungspflicht endet (§ 229a SGB VI). 8

Bei Aufnahme einer selbständigen Tätigkeit ab 1. August 1991 sind die einschlägigen Regelungen des SGB VI der Bestimmung der Pflichtversicherung für Selbständige zugrunde zu legen (Art. 35 Abs. 3 RÜG in Verbindung mit §§ 2 und 229a SGB VI). Nach diesen Vorschriften sind nur einige wenige Selbständigengruppen rentenversicherungspflichtig. Anders als in der Krankenversicherung sind Selbständige nicht generell aus dem Kreis der Pflichtversicherten ausgeschlossen. Insbesondere handelt es sich um selbständig tätige Lehrer, Erzieher und Pflegepersonen, Künstler und Publizisten, Handwerker, die in die Handwerksrolle eingetragen sind und Landwirte. (§ 2 SGB VI).

Wird ein Selbständiger in den jungen Bundesländern (trotz der erwähnten Übergangsregelung) nicht von der gesetzlichen Rentenversicherungspflicht erfaßt, so kann er gleichwohl auf Antrag in die Rentenversicherungspflicht aufgenommen werden. Der Antrag kann innerhalb von 5 Jahren nach der Aufnahme der selbständigen Erwerbstätigkeit gestellt werden (§ 4 Abs. 2 SGB VI). Die Antragspflichtversicherung beginnt mit dem Eingang des Antrags beim Rentenversicherungsträger, frühestens jedoch mit dem Zeitpunkt der Aufnahme der selbständigen Tätigkeit (§ 4 Abs. 4 Nr. 1 SGB VI).

Personen, die Kinder erziehen

9 Eine besondere Form der Pflichtversicherung in der gesetzlichen Rentenversicherung ist für Personen vorgesehen, die Kindererziehungszeiten nachweisen können (§ 3 Satz 1 Nr. 1, §§ 56, 249 und 249a SGB VI, vgl. Rz. 63).

Welche Beiträge sind für die Rente zu zahlen?

Zusammenhang von Versicherung und Beitrag

Steht die Rentenversicherungspflicht eines Bürgers fest, folgt daraus in der Regel die Pflicht zur Entrichtung von Beiträgen an die Rentenversicherung. Daran schließt die Fragestellung an, wer die Beiträge zu tragen hat und wie hoch die Beiträge sind. Darauf sollen die nachfolgenden Ausführungen Antwort geben. 10

Praxishinweis: *Hinsichtlich der Auswirkungen der Beitragsentrichtung auf die Höhe der künftigen Rente gilt der Grundsatz der Beitrags- und Einkommensbezogenheit: Je höher ein Arbeitnehmer verdient, desto höher fällt der Beitrag aus und um so mehr steigt die spätere Rente. Die Beitragsbemessungsgrenze erfüllt hier allerdings auch die Funktion einer Leistungsgrenze. Darüber liegende Arbeitsverdienste haben also keine Bedeutung für die Rentenhöhe. Außerdem kommt es für die Rentenhöhe selbstverständlich auch darauf an, wie lange Beiträge entrichtet wurden (jeder Monat an Beitragszeiten steigert die Höhe der monatlichen Rente).*

Beiträge für Arbeitnehmer

Für einen rentenversicherungspflichtigen Arbeitnehmer gilt im Jahre 1994 ein Beitragssatz von 19,2 2 (§ 1 BSV 1994). Es sind also 19,2 % des Arbeitsentgelts als Beitrag an die Rentenversicherung abzuführen. Die Beitragslast verteilt sich gleichmäßig auf Arbeitnehmer und Arbeitgeber (§ 168 Abs. 1 Nr. 1 SGB VI), so daß der Arbeitnehmer und der Arbeitgeber 1994 jeweils 9,6 % tragen müssen. 11

Praxishinweis: *Bei geringverdienenden Arbeitnehmern (mit einem Arbeitsentgelt von nicht mehr als 480 DM) hat der Arbeitgeber den vollen Rentenversicherungsbeitrag von 19,2 % allein zu tragen. Verdient der Arbeitnehmer aber nicht mehr als 440 DM im Monat, besteht in der Regel Rentenversicherungsfreiheit. Deshalb sind überhaupt keine Beiträge zur Rentenversicherung zu entrichten (vgl. Rz. 5). Bei beschäftigten Altersrentnern (die mehr als 440 DM monatlich verdienen) ist außerdem zu beachten, daß an sich Rentenversicherungsfreiheit vorliegt, der Arbeitgeber aber trotzdem seinen Anteil von 9,6 % zu zahlen hat (§ 172 Abs. 1 Nr. 1 SGB VI).*

Der Beitrag zur Rentenversicherung wird vom Arbeitgeber als Teil des Gesamtsozialversicherungsbeitrags gezahlt. Der Gesamtsozialbeitrag wird dadurch gebildet, daß der Arbeitgeber den Arbeitnehmeranteil des Beitrags zur Rentenversicherung (zusammen mit den Arbeitnehmeranteilen zur Kranken- und Arbeitslosenversicherung) vom Arbeitsentgelt einbehält. Anschließend führt der Arbeitgeber diese Anteile (zusammen mit seinen Anteilen) an die zuständige Krankenkasse, die sog. Einzugsstelle, ab. Von dort werden die Beiträge schließlich an den zuständigen Rentenversicherungsträger weitergeleitet (§§ 28e bis 28k SGB IV).

Praxishinweis: *Sollte sich herausstellen, daß die Rentenversicherungsbeiträge zwar vom Arbeitgeber einbehalten wurden, aber nicht an den Rentenversicherungsträger (über die Krankenkasse als Einzugsstelle) abgeführt worden sind, erwachsen in aller Regel daraus keine Nachteile für den Arbeitnehmer. Macht er nämlich durch Vorlage der Gehaltsbescheinigung glaubhaft, daß ihm der Arbeitnehmeranteil vom Lohn abgezogen wurde, gilt der Rentenversicherungsbeitrag als gezahlt (§ 203 Abs. 2 SGB VI).*

Der Beitragssatz von 19,2 % ist auf das „Arbeitsentgelt" (Lohn bzw. Gehalt) des Arbeitnehmers anzuwenden; darunter ist der Bruttoverdienst aus der Beschäftigung zu verstehen.

Praxishinweis: *In der Praxis tauchen oft Sonderfälle auf, bei denen fraglich ist, ob bestimmte Zuwendungen als „Arbeitsentgelt" anzusehen sind. Die nähere Bestimmung des Arbeitsentgelts richtet sich dann nach den folgenden Grundsätzen:*

– Als gesetzliche Grundvorschrift gilt (§ 14 Abs. 1 SGB IV): Zum Arbeitsentgelt gehören alle laufenden oder einmaligen Einnahmen aus einer Beschäftigung. Es ist hierbei gleichgültig, ob ein rechtlicher Anspruch auf diese Einnahmen besteht. Auch kommt es auf die Form und Bezeichnung des Arbeitsentgelts nicht an. Wurde ein Nettolohn vereinbart, erfolgt nach dem Sozialversicherungsrecht eine Umrechnung auf den Bruttowert (§ 14 Abs. 2 SGB IV).

– Da es nicht auf die Form der Zuwendung ankommt, stellen auch Sachbezüge Arbeitsentgelt dar. Die geläufigsten Sachbezüge sind freie Kost und freie Wohnung, die vom Arbeitgeber gestellt werden. Um den Wert der Sachbezüge in DM ausdrücken zu können, bringt die Bundesregierung jedes Jahr eine Verordnung heraus (zuletzt erging die Verordnung vom 10. Dezember 1993, welche die Sachbezugswerte für 1993 festlegt).

– Das Gesetz unterscheidet zwischen laufenden und einmaligen Einnahmen. Beide Einnahmearten zählen zum sozialversicherungspflichtigen Arbeitsentgelt, jedoch ist die Unterscheidung z. B. dann von Bedeutung, wenn geprüft wird, für welche Monate welches Arbeitsentgelt der Beitragsberechnung zugrundezulegen ist. Typische Beispiele für einmalige Einnahmen sind Urlaubsgeld, Weihnachtsgeld und Jubiläumszuwendungen.

– Das Gesetz ermächtigt die Bundesregierung, durch eine Rechtsverordnung zu bestimmen, daß grundsätzlich nur die Beträge als Arbeitsentgelt anzusehen sind, die auch der Steuerpflicht unterliegen. Auf der Grundlage dieser Ermächtigung ist die sog. Arbeitsentgeltverordnung (ArEV) vom 18. Dezember 1984 ergangen.

Liegt das Arbeitsentgelt über der Beitragsbemessungsgrenze (1994: monatlich 5 900 DM brutto), werden die Beiträge nur bis zu dieser Grenze erhoben (§ 161 Abs. 2, § 162 Nr. 1 SGB VI). Das über die Beitragsbemessungsgrenze hinausgehende Arbeitsentgelt ist dann nicht „versichert" und vermag die spätere Rente nicht zu steigern. Für höher verdienende Arbeitnehmer stellt sich deshalb nachhaltiger die Frage nach einer zusätzlichen Alterssicherung, um im Alter einen angemessenen Lebensstandard zu sichern (z. B. durch eine Betriebsrente oder private Lebensversicherung).

Beiträge für mitarbeitende Ehegatten

12 Ist ein mitarbeitender Ehegatte (z. B. eine Ehefrau, die im Betrieb des Mannes mitarbeitet) aufgrund seiner Eigenschaft als Arbeitnehmer in die Rentenversicherung einbezogen worden, gelten die Ausführungen zu den Beiträgen für Arbeitnehmer entsprechend. Es handelt sich um den Fall, daß ein mitarbeitender Ehegatte in den neuen Bundesländern die Beschäftigung erstmals nach dem 31. Dezember 1991 aufgenommen hat (vgl. Rz. 6).

Greift die ostdeutsche Sonderbestimmung zur Versicherungspflicht von Ehegatten (§ 229a Abs. 1 SGB VI, vgl. Rz. 6), ist zu beachten: Der selbständig tätige Ehepartner, für den die Mitarbeit geleistet wird, gilt als Arbeitgeber des mitarbeitenden Ehegatten, hat also die Rentenversicherungsbeiträge einzubehalten und abzuführen (§ 279d SGB VI). Die Beiträge werden jeweils zur Hälfte vom selbständig Erwerbstätigen und vom mitarbeitenden Ehegatten getragen (§ 279c Abs. 3 SGB VI). Dies gilt auch dann, wenn der mitarbeitende Ehegatte zu den Geringverdienern zählt (vgl. Rz. 11).

Beiträge für Bezieher von Sozialleistungen, insbesondere für Arbeitslose

13 Bei Bezug von Sozialleistungen des Arbeitsamtes, wie Unterhaltsgeld, Altersübergangsgeld, Arbeitslosengeld und Arbeitslosenhilfe (vgl. Rz. 7), werden die auf diese Leistung berechneten Beiträge allein vom Arbeitsamt übernommen und an die Rentenversicherung überwiesen. Von der jeweiligen Sozialleistung wird kein Beitragsanteil abgezogen.

Beruht dagegen die Rentenversicherungspflicht eines arbeitsunfähigen Arbeitnehmers auf einem Bezug von Krankengeld (aus der Krankenversicherung) oder Verletztengeld (aus der Unfallversicherung), muß sich der Arbeitnehmer zur Hälfte am Beitrag beteiligen (§ 170 Abs. 1 Nr. 2 SGB VI). Der Beitrag wird nach der Höhe der Leistung berechnet (§ 166 Nr. 2, § 276 Abs. 1 SGB VI), so daß im Jahre 1994 vom Krankengeld eines Arbeitnehmers 9,6 % als Rentenversicherungsbeitrag einbehalten werden. Im übrigen wird vom Krankengeld auch noch die Hälfte des Beitrags zur Arbeitslosenversicherung abgezogen. Im Jahre 1994 sind das 3,25 % (§ 186 Abs. 1 AFG).

Praxishinweis: *Auf diesen Abzug von Beiträgen zur Renten- und Arbeitslosenversicherung ist zurückzuführen, daß das Krankengeld nicht die Höhe des vollen Nettolohnes erreicht, was nach dem Krankengeldrecht an sich möglich ist (§ 47 Abs. 2 SGB V).*

Für Empfänger von Sozialhilfe ist mit dem Erhalt der Leistung nicht zwangsläufig verbunden, daß sie auch in der Rentenversicherung versichert sind. Jedoch besteht die Möglichkeit, daß das Sozialamt auch Beitragszahlungen an die Rentenversicherung übernimmt, um damit die Voraussetzungen für einen späteren Rentenbezug zu erfüllen.

Beiträge für Selbständige

Im Hinblick auf die Beiträge, die von rentenversicherungspflichtigen 14 Selbständigen zu zahlen sind, ist zwischen der Beitragstragung und der Beitragszahlung zu unterscheiden:

Hinsichtlich der Beitragstragung gilt im Grundsatz, daß der pflichtversicherte Selbständige die vollen Beiträge allein aufzubringen hat (§ 169 Nr. 1 SGB VI). Allerdings werden zwei Gruppen von selbständig Erwerbstätigen einem rentenversicherungspflichtigen Arbeitnehmer insofern gleichgestellt, als nur der halbe Beitrag vom Versicherten selbst zu zahlen ist:

– Bei Künstlern und Publizisten werden die Rentenversicherungsbeiträge formal allein von der Künstlersozialkasse getragen (§ 169 Nr. 2 SGB VI), die ihren Sitz in Wilhelmshaven hat. Nach dem Künstlersozialversicherungsgesetz müssen aber die versicherten

Künstler und Publizisten ihrerseits nur einen halben Beitrag an die Künstlersozialkasse entrichten (§ 15 KSVG).

– Bei den Hausgewerbetreibenden ist der auftraggebende Unternehmer an der Beitragstragung zur Hälfte beteiligt (§ 169 Nr. 3 SGB VI).

Im Hinblick auf die Beitragshöhe hat der rentenversicherungspflichtige Selbständige (sofern er nicht zu den beiden soeben genannten Sonderfällen zählt) gewisse Wahlmöglichkeiten. Man unterscheidet hier zwischen dem Regelbeitrag, dem halben Regelbeitrag für Berufsanfänger und dem einkommensgerechten Beitrag.

15 Mit dem **Regelbeitrag** hat es folgende Bewandtnis: Grundlage der Beitragsbemessung ist zwar an sich das Arbeitseinkommen des versicherten Selbständigen (§ 161 Abs. 1 SGB VI). Wird jedoch vom Selbständigen kein Einkommensnachweis geführt, gilt als versicherungspflichtiges Arbeitseinkommen ein bestimmter, jährlich von der Bundesregierung festgelegter Betrag. Aus diesem Wert (sog. Bezugsgröße) errechnet sich dann der Regelbeitrag (§ 165 Abs. 1 S. 1 Nr. 1 SGB VI).

Der aktuelle Regelbeitrag beträgt in den jungen Bundesländern im Kalenderjahr 1994 monatlich 591,36 DM.

16 An die Stelle des vollen Regelbeitrags kann ein **halber Regelbeitrag** treten (§ 165 Abs. 1 Satz 1 Nr. 1 i. V. m. Satz 2 SGB VI). Berufsanfänger („Jungunternehmer") haben nämlich das Recht, bis zum Ablauf von 3 Kalenderjahren nach dem Jahr der Tätigkeitsaufnahme nur einen halben Regelbeitrag zu entrichten, falls sie dies beim Rentenversicherungsträger beantragen.

Der halbe Regelbeitrag beträgt in den neuen Bundesländern im Kalenderjahr 1994 monatlich 295,68 DM.

Entschließt sich der rentenversicherungspflichtige Selbständige dazu, sein Arbeitseinkommen nachzuweisen, so hat er **einkommensgerechte Beiträge** an die Rentenversicherung zu zahlen. Die Beitragshöhe richtet sich also nach der Höhe des aus der selbständigen Tätigkeit erzielten Arbeitseinkommens.

Praxishinweis: *„Arbeitseinkommen" ist der nach den Gewinner-mittlungsvorschriften des Einkommensteuerrechts ermittelte Gewinn aus der selbständigen Tätigkeit. Bei dieser Gewinnermittlung sind steuerliche Vergünstigungen unberücksichtigt zu lassen und Veräußerungsgewinne abzuziehen (§ 15 SGB IV).*

Der Nachweis der Einkommenshöhe ist regelmäßig durch eine Bescheinigung des Steuerberaters über das voraussichtliche Einkommen im laufenden Kalenderjahr zu erbringen. Der Selbständige kann aber auch – falls er keinen Steuerberater hat – selbst eine gewissenhafte Schätzung vornehmen, wobei der letzte Einkommensteuerbescheid als Schätzungsgrundlage dienen kann.

Der einkommensgerechte Beitrag wird in der Weise errechnet, daß der 17 aktuelle Beitragssatz der Rentenversicherung (der im Jahre 1994 19,2 % beträgt) auf das geschätzte monatliche Arbeitseinkommen angewendet wird. Hierbei ist für das Kalenderjahr 1994 die (ostdeutsche) Beitragsbemessungsgrenze von 5 900 DM monatlich zu beachten. Daraus ergibt sich für dieses Kalenderjahr ein monatlicher Höchstbeitrag von 1 132,80 DM.

Bei den Künstlern und Publizisten sind Besonderheiten bei der Beitragshöhe zu beachten. Bei ihnen ist der Beitragsberechnung ein Zwölftel des voraussichtlichen Jahreseinkommens zugrunde zu legen. Außerdem gibt es für diesen Personenkreis einen Mindestbeitrag, der für das Kalenderjahr 1994 in den jungen Bundesländern monatlich 84,48 DM ausmacht (§ 165 Abs. 1 Satz 1 Nr. 3 SGB VI).

Praxishinweis: *Hinsichtlich der Art und Weise der Beitragszahlung gilt in aller Regel bei den rentenversicherungspflichtigen Selbständigen, daß die Beiträge unmittelbar an den zuständigen Träger der Rentenversicherung zu entrichten sind. Die Zahlung kann insbesondere durch Abbuchung (Einziehungsermächtigung) oder durch Überweisung vorgenommen werden. Die Einzelheiten richten sich nach der Beitragszahlungsverordnung (RV-BZV).*

Beiträge für sonstige rentenversicherungspflichtige Personen

18 Auf diese Beiträge soll nicht näher eingegangen werden, da sie in der Regel nicht von den pflichtversicherten Personen zu tragen sind (so werden z. B. die Beiträge für die Wehr- und Zivildienstleistenden von der Bundesrepublik aufgebracht, § 170 Abs. 1 Nr. 1 SGB VI).

Für die Kindererziehungszeiten (vgl. Rz. 63) werden überhaupt keine Beiträge an die Rentenversicherung entrichtet, sondern das Gesetz ordnet an, daß Pflichtbeiträge als gezahlt gelten (§ 56 Abs. 1 Satz 1 SGB VI).

Die Rentenarten

Das neue, seit dem 1. Januar 1992 in ganz Deutschland geltende Rentenrecht kennt verschiedene Rentenarten, die in einer Übersichtsvorschrift (§ 33 SGB VI) sämtlich aufgezählt und zu drei Gruppen von Renten zusammengefaßt sind: 19

– Altersrenten,
– Renten wegen verminderter Erwerbsfähigkeit und
– Hinterbliebenenrenten (Renten wegen Todes).

Allgemein läßt sich zunächst feststellen, daß ein Anspruch auf eine dieser Renten dann besteht, wenn die für die entsprechende Rente festgelegte Mindestversicherungszeit (sog. Wartezeit) und bestimmte persönliche Voraussetzungen erfüllt sind (z. B. die Vollendung eines bestimmten Lebensjahres bei einer Altersrente). Außerdem muß ein Rentenantrag gestellt werden, und zwar rechtzeitig. Die verspätete Antragstellung führt möglicherweise zu Nachteilen, nämlich einem späteren Rentenbeginn (vgl. Rz. 155).

In diesem Abschnitt werden nur die Rentenarten des SGB VI erläutert. Für Bürger aus den jungen Bundesländern können aber aus Gründen des Vertrauensschutzes darüber hinaus weitere Rentenarten bedeutsam werden. Bis Ende 1996 kommen noch die Rentenarten nach dem Rentenrecht der DDR in Betracht, und zwar in der Form, in der es in Art. 2 RÜG übernommen wurde. Diesen Rentenarten ist ein gesonderter Abschnitt gewidmet (Rz. 121 ff.).

Welche Renten gehören zu den Altersrenten?

Auch nach dem neuen Rentenrecht des SGB VI können Frauen bis zum Jahre 2001 ab Vollendung des 60. Lebensjahres in Rente gehen. Männer können mit Vollendung des 63. Lebensjahres eine Altersrente 20 in Anspruch nehmen. Der wichtigste Unterschied zum früheren Rentenrecht der DDR liegt also darin, daß Männer nicht stets bis zum 65. Lebensjahr warten müssen, wenn sie eine Altersrente in Anspruch nehmen wollen.

Die Altersgrenzen von 60 und 63 Jahren werden allerdings, beginnend ab dem Jahre 2001, schrittweise auf die Regelaltersgrenze von 65 Jahren angehoben. Diese gesetzgeberische Entscheidung wurde für erforderlich gehalten, um die vorauszusehenden Probleme in der Finanzierung der Renten auf diese Weise bewältigen zu helfen. Die Anhebung der Altersgrenzen erfolgt zunächst bis zum Jahre 2004 in Stufen von 3 Monaten pro Jahr, anschließend in Stufen von 6 Monaten pro Jahr. Von der Anhebung ausgenommen sind die Altersrenten für Schwerbehinderte, Berufs- oder Erwerbsunfähige.

Im einzelnen sind im SGB VI folgende 5 Altersrenten geregelt:

– Regelaltersrente (bei Vollendung des 65. Lebensjahres),

– Altersrente für langjährig Versicherte (bei Vollendung des 63. Lebensjahres),

– Altersrente für Schwerbehinderte, Berufs- oder Erwerbsunfähige (bei Vollendung des 60. Lebensjahres),

– Altersrente bei Arbeitslosigkeit (bei Vollendung des 60. Lebensjahres) und

– Altersrente für Frauen (ebenfalls bei Vollendung des 60. Lebensjahres).

Bergleute, die lange Zeit unter Tage beschäftigt waren, erhalten eine besondere Altersrente (§ 40 SGB VI), falls sie das 60. Lebensjahr vollendet und mindestens 25 Jahre gearbeitet haben. Auf diese besondere Form der Altersrente wird hier nicht näher eingegangen.

Wer altersrentenberechtigt ist, kann in West- wie in Ostdeutschland seit dem 1. Januar 1992 wählen, ob er die Rente in voller Höhe beziehen (Altersvollrente) oder als Teilrente (§ 42 Abs. 1 SGB VI) in Anspruch nehmen will. Eine Teilrente kann wiederum in verschiedener Höhe gewählt werden, nämlich in Höhe von einem Drittel, der Hälfte oder zwei Dritteln einer Altersvollrente (§ 42 Abs. 2 SGB VI).

In der Praxis spielen die Teilrenten bisher nur eine geringe Rolle. Bestimmte Personen sind von einem Teilrentenbezug ausgeschlossen.

Dies betrifft Frauen, die in den neuen Bundesländern zum Stichtag 31. Dezember 1991 bereits eine vorgezogene Altersrente erhielten (§ 302 Abs. 2 i. V. m. Abs. 3 SGB VI).

Der Bezieher einer Teilrente unterliegt – anders als ein Altersvollrentner –grundsätzlich der Versicherungspflicht in der Rentenversicherung (vgl. § 5 Abs. 4 Nr. 1 SGB VI). Somit hat ein Teilrentner die Möglichkeit, die Höhe der späteren Altersvollrente dadurch zu steigern, daß er einer versicherungspflichtigen Beschäftigung nachgeht. Allerdings kann er neben dem Bezug der Teilrente nicht unbegrenzt hinzuverdienen. Um einen Wegfall der Teilrente zu vermeiden, muß der Rentenbezieher besondere Hinzuverdienstgrenzen beachten (vgl. Rz. 27 ff.). Ab Vollendung des 65. Lebensjahres darf unbegrenzt hinzuverdient werden.

Bezüglich der Altersteilrenten wurde in das SGB eine arbeitsrechtliche Bestimmung eingefügt, um Teilzeitarbeitsplätze zu fördern (§ 42 Abs. 3 SGB VI): Wer als älterer Arbeitnehmer eine Teilrente beanspruchen und deshalb seine Arbeitsleistung einschränken will, kann von seinem Arbeitgeber verlangen, daß dieser mit ihm die beabsichtigte Einschränkung erörtert. Macht der Arbeitnehmer hierzu Vorschläge, hat der Arbeitgeber zu diesen Vorschlägen Stellung zu nehmen.

Eine andere Querverbindung zwischen dem Recht der Altersrenten und dem Arbeitsrecht stellt eine Bestimmung her, mit der die weitere Beschäftigung von älteren Arbeitnehmern gefördert werden soll. Nach dieser Vorschrift (§ 41 Abs. 4 SGB VI) soll ein zustehender Anspruch auf eine Altersrente keine nachteiligen Folgen für die Fortsetzung des Arbeitsverhältnisses haben. Die Vorschrift enthält dafür drei Maßgaben:
– Die Tatsache, daß ein Arbeitnehmer die Berechtigung für eine Altersrente erlangt, stellt im Sinne des Kündigungsschutzgesetzes (KSchG) keinen berechtigenden Grund für einen Kündigung durch den Arbeitgeber dar (§ 41 Abs. 4 Satz 1 SGB VI).
– Ist im Sinne des Kündigungsschutzgesetzes eine Kündigung von Arbeitnehmern aus dringenden betrieblichen Erfordernissen heraus berechtigt, muß bei der Sozialauswahl (also bei der Entscheidung, welchem Arbeitnehmer gekündigt wird) die Tatsache außer Betracht bleiben, daß ein Arbeitnehmer einen Anspruch auf eine vorzeitige, vor dem 65. Lebensjahr einsetzende Altersrente hat (§ 41 Abs. 4 Satz 2 SGB VI).

– Eine Vereinbarung, nach der ein Arbeitsverhältnis mit dem Beginn einer Altersrentenberechtigung automatisch endet, ist grundsätzlich unwirksam. Dies gilt nur dann nicht, wenn die Vereinbarung innerhalb der letzten 3 Jahre vor dem Eintritt der Altersrentenberechtigung geschlossen oder vom Arbeitnehmer bestätigt wurde (§ 41 Abs. 4 Satz 3 SGB VI). Nach einem wichtigen Urteil des Bundesarbeitsgerichts vom 20. 10. 1993 (Aktenzeichen: 7 AZR 135/93) ist diese Vorschrift so auszulegen, daß nicht nur individuelle Vereinbarungen gemeint sind, sondern auch Betriebsvereinbarungen und Tarifverträge, in denen häufig auch die Beendigung des Arbeitsverhältnisses mit Eintritt ins Rentenalter vorgesehen ist.

Regelaltersrente

21 Innerhalb der Renten wegen Alters hat die Regelaltersrente (§ 35 SGB VI) die einfachsten Anspruchsvoraussetzungen. Um diese Rente zu erhalten, genügt es, wenn folgende Voraussetzungen erfüllt sind:

– Vollendung des 65. Lebensjahres und

– Erfüllung der allgemeinen Wartezeit von 5 Jahren.

Hierbei ist zu beachten, daß im rentenrechtlichen Sinne die „Vollendung des 65. Lebensjahres" vor dem Tag des 65. Geburtstages liegt. Hiervon werden Bürger begünstigt, die am ersten Tag eines Kalendermonats geboren sind.

Beispiel:

Wer am 1. Dezember 1928 geboren wurde, vollendet sein 65. Lebensjahr bereits am 30. November 1993. Das hat wiederum zur Folge, daß die Rente früh beginnen kann, nämlich – bei rechtzeitiger Rentenantragstellung – am 1. Dezember 1993. Rechtzeitig ist der Antrag innerhalb einer Frist von 3 Monaten gestellt (vgl. Rz. 155).

Dem Erfordernis, die allgemeine Wartezeit von 5 Jahren erfüllt zu haben, kann in aller Regel entsprochen werden.

Praxishinweis: *Auf die allgemeine Wartezeit von 5 Jahren werden nicht nur Beitragszeiten (rentenversicherungspflichtige Arbeitsjahre sowie Zeiten einer freiwilligen Rentenversicherung) angerechnet, sondern auch sog. Ersatzzeiten, z. B. Kriegsdienst (§ 51 Abs. 1 und 4 SGB VI. Zu den Beitrags- und Ersatzzeiten, die Unterformen der sog. rentenrechtlichen Zeiten sind, vgl. auch Rz. 55ff.). Wer ausnahmsweise die allgemeine Wartezeit nicht erfüllt, kann ggf. durch Entrichtung von freiwilligen Beiträgen noch einen Anspruch auf die Regelaltersrente erlangen (vgl. Rz. 3).*

Gegenüber den übrigen Altersrentenarten ist die Regelaltersrente mit zwei Vorteilen verbunden: 22

– Zum einen darf der (über 65jährige) Bezieher einer Regelaltersrente unbeschränkt hinzuverdienen, ohne daß es zu einem Rentenwegfall kommt (zu den Hinzuverdienstgrenzen vgl. Rz. 27ff.).

– Zum anderen besteht die Möglichkeit, daß ein 65jähriger Rentenversicherter, der einen Anspruch auf die Regelaltersrente hat, also die allgemeine Wartezeit zurückgelegt hat, den Rentenbeginn hinausschiebt. Zwar ist dieses Hinausschieben auch bei den anderen Altersrenten möglich, aber bei der hinausgeschobenen Regelaltersrente wird ein Rentenzuschlag von 0,5 % für jeden aufgeschobenen Monat gewährt. (§ 77 Abs. 2 Nr. 2 SGB VI). Eine um ein Jahr hinausgeschobene Rente bedeutet also einen Rentenzuschlag von 6 % der Rente. Dieser Zuschlag erfolgt unabhängig davon, ob in der Zeit des Aufschubs ein Arbeitsverhältnis bestand und Beiträge gezahlt wurden (vgl. Rz. 102).

Praxishinweis: *Sollte der Rentenberechtigte in der Zeit des Aufschubs noch in einem versicherungspflichtigen Beschäftigungsverhältnis stehen, wirkt sich dies hinsichtlich der Rentenhöhe besonders günstig aus, denn mit den Beitragszahlungen wird der Rentenbetrag selbstverständlich ebenfalls erhöht.*

Altersrente für langjährig Versicherte

23 Diese Rente (§ 36 SGB VI), die auch als flexibles Altersruhegeld bezeichnet wird, können Männer und Frauen in Anspruch nehmen. Von größerer praktischer Bedeutung ist sie aber für Männer, weil Frauen auch die Möglichkeit haben, eine Altersrente ab Vollendung des 60 Jahres zu beanspruchen. Der wesentliche Unterschied gegenüber der Regelaltersrente liegt – abgesehen von der niedrigeren Altersgrenze – darin, daß als Wartezeit nicht 5, sondern 35 Jahre gefordert werden.

Im einzelnen lauten also die Anspruchsvoraussetzungen:

– Vollendung des 63. Lebensjahres und
– Erfüllung der Wartezeit von 35 Jahren.

Die Wartezeit von 35 Jahren (§ 50 Abs. 5, § 51 Abs. 3 SGB VI), die auf den ersten Blick eine große Hürde darstellt, kann sehr oft nachgewiesen werden. Dies liegt einmal daran, daß ein 63jähriger Arbeitnehmer häufig 35 Jahre an Pflichtbeitragszeiten aus einer Beschäftigung zurückgelegt hat. Im übrigen muß beachtet werden, daß – anders als bei der Regelaltersrente mit Vollendung des 65. Lebensjahres – die Wartezeit von 35 Jahren nicht nur mit Beitrags- und Ersatzzeiten, sondern auch mit allen andern sog. rentenrechtlichen Zeiten gefüllt werden kann. Zu den rentenrechtlichen Zeiten gehören z.B. auch sog. Kindererziehungs-Berücksichtigungszeiten, welche die ersten 10 Lebensjahre eines vom Rentenberechtigten erzogenen Kindes umfassen (vgl. Rz. 77). Ferner zählen zu den rentenrechtlichen Zeiten auch sog. Anrechnungszeiten, z. B. Zeiten des Schulbesuchs nach dem 16. Lebensjahr und eines abgeschlossenen Hochschulstudiums (vgl. Rz. 71).

Bei der Altersrente für langjährig Versicherte sind Grenzbeträge für zusätzliche Arbeitsverdienste zu beachten. Ihr Überschreiten kann ggf. zum Rentenwegfall führen (vgl. Rz. 27 ff.).

Ab dem Jahr 2001 ist bei der Altersrente für langjährig Versicherte – ebenso wie bei den meisten anderen vorgezogenen Altersrenten – eine Anhebung der Altersgrenze vorgesehen (§ 41 Abs. 2 SGB VI): Die derzeitige Grenze von 63 Jahren wird dann schrittweise bis zum Ende des Jahres 2006 auf das 65. Lebensjahr erhöht. Die Anhebung betrifft Versicherte, die ab dem 1. Januar 1938 geboren sind. Wer ab November

1943 geboren ist, für den wird die Altersgrenze dann auf 65 Jahre angehoben.

Trotz dieser Anhebung der Altersgrenze können die Versicherten auch künftig aufgrund eigener Entscheidung vorher, also ab Vollendung des 63. Lebensjahres die Rente erhalten. Für die Jahrgänge ab Geburtsdatum November 1943 wird dies dann sogar ab Vollendung des 62. Lebensjahres möglich sein. Bei dieser Entscheidung zur vorzeitigen Inanspruchnahme der Rente müssen dann aber Rentenabschläge in Höhe von 0,3 % pro Monat des vorzeitigen Bezugs hingenommen werden.

***Altersrente für Schwerbehinderte, Berufsunfähige
oder Erwerbsunfähige***

Diese Rente kann bereits mit der Vollendung des 60. Lebensjahres 24
bezogen werden. Voraussetzung ist aber, daß gesundheitliche Beeinträchtigungen vorliegen.

Gefordert werden im einzelnen für den Rentenanspruch

– die Vollendung des 60. Lebensjahres,

– das Vorliegen einer Schwerbehinderung oder einer Berufs- oder Erwerbsunfähigkeit und

– die Erfüllung der Wartezeit von 35 Jahren.

Die Kennzeichnung der Schwerbehinderten ergibt sich aus dem Schwerbehindertengesetz (SchwbG). Schwerbehindert sind danach Personen, bei denen der sog. Grad der Behinderung (GdB) mindestens 50 % beträgt. Über die Eigenschaft als Schwerbehinderter entscheidet nicht der Rentenversicherungsträger, sondern eine Stelle der Landesverwaltung (in der Regel ein Versorgungsamt). Dieses Amt erteilt einen Schwerbehindertenausweis, der dann beim Rentenversicherungsträger eingereicht werden kann, um mit Vollendung des 60. Lebensjahres in Rente zu gehen.

Die Rentenberechtigung kann auch durch das Vorliegen von Berufs- oder Erwerbsunfähigkeit erlangt werden. Hierbei handelt es sich um Begriffe des Rentenrechts, die ihre eigentliche Bedeutung bei der Prüfung einer Rente wegen verminderter Erwerbsfähigkeit haben (vgl.

Rz. 38 ff.). Die Berufs- bzw. Erwerbsunfähigkeit wird ggf. vom Rentenversicherungsträger selbst festgestellt.

Praxishinweis: *Die Berufs- und Erwerbsunfähigkeit im Sinne der Rentenversicherung wird nach ganz anderen Maßstäben beurteilt als die Schwerbehinderteneigenschaft. Aus der Sicht des Bürgers wird in der Regel der leichtere Weg zur Rentenberechtigung darin liegen, sich vom Versorgungsamt einen Schwerbehindertenausweis ausstellen zu lassen und diesen anschließend beim Rentenversicherungsträger einzureichen. Wird bereits von einem Träger der Unfallversicherung (Berufsgenossenschaft) eine Verletztenrente auf der Grundlage einer Minderung der Erwerbsfähigkeit (MdE) von mindestens 50% gewährt, ist die Vorlage eines Schwerbehindertenausweises nicht erforderlich.*

Zur Wartezeit von 35 Jahren, bei der alle Arten von rentenrechtlichen Zeiten mitzählen, (vgl. Rz. 23).

Auch bei der Altersrente für Schwerbehinderte, Berufs- oder Erwerbsunfähige gilt es Hinzuverdienstgrenzen zu beachten. Ihr Überschreiten führt zum Wegfall der Rente.

Altersrente wegen Arbeitslosigkeit

25 Ebenfalls mit Vollendung des 60. Lebensjahres kann eine weitere Rentenart beansprucht werden, nämlich die Altersrente wegen Arbeitslosigkeit (§ 38 SGB VI). Für diese Rente müssen folgende Voraussetzungen erfüllt sein:

– Vollendung des 60. Lebensjahres,
– Vorliegen von 52 Wochen an Arbeitslosigkeit in den letzten eineinhalb Jahren,
– Vorliegen von 8 Jahren an Pflichtbeitragszeiten in den letzten 10 Jahren,
– Erfüllung der Wartezeit von 15 Jahren.

Wichtigste Anspruchsvoraussetzung ist, daß der Betroffene „innerhalb der letzten eineinhalb Jahre vor Beginn der Rente insgesamt 52 Wochen arbeitslos war" (§ 38 Nr. 2 SGB VI).

Der Begriff der Arbeitslosigkeit ist im Grundsatz ebenso auszulegen wie im Rahmen der Arbeitslosenversicherung (§§ 101 ff. AFG). Danach ist derjenige arbeitslos, der auf dem allgemeinen Arbeitsmarkt eine Beschäftigung von wenigstens 18 Wochenstunden

– ausüben kann (objektive Arbeitslosigkeit) und

– ausüben will (subjektive Arbeitslosigkeit).

Eine Meldung beim Arbeitsamt ist für die Anspruchsprüfung nicht erforderlich, erleichtert aber den Nachweis der Arbeitslosigkeit.

Eine Sonderregelung (§ 237 SGB VI) gilt für Personen, die das 58. Lebensjahr vollendet haben und nicht bereit sind, eine Beschäftigung von mindestens 18 Wochenstunden aufzunehmen: Trotz Fehlens von „subjektiver Arbeitslosigkeit" sind diese Personen im Rahmen der rentenrechtlichen Anspruchsprüfung als „arbeitslos" anzusehen. Vom Status der „Arbeitslosigkeit" ist auch während des Bezuges von Altersübergangsgeld oder Vorruhestandsgeld auszugehen.

Praxishinweis: *Für diejenigen, die 1993 bereits mindestens 12 Monate **Altersübergangsgeld** beziehen und die das 60. Lebensjahr vollenden und damit die Berechtigung zum Bezug einer Altersrente wegen Arbeitslosigkeit (oder auch einer Altersrente für Frauen, vgl. Rz. 26) erlangen, ist es in aller Regel ratsam, den Rentenantrag noch nicht zu stellen und weiterhin das Altersübergangsgeld zu beziehen. Dieses fällt nämlich meistens höher aus als die Rente, und außerdem kann mit dieser Leistung die künftige Rente noch Monat für Monat aufgestockt werden, denn das Arbeitsamt zahlt auf das Altersübergangsgeld bezogene Beiträge an die Rentenversicherung.*

Daher kann es wichtig sein zu wissen, daß Altersübergangsgeldbezieher nach einer gesetzlichen Regelung (Art. 8 § 2 AFG-Änderungsgesetz, geändert durch Art. 15 RÜ-ErgG) nicht vom Arbeitsamt gezwungen werden können, den Rentenantrag zu stellen. Diese Regelung gilt bis Ende 1994. Bezieher von Altersübergangsgeld, die ab Beginn 1995 rentenberechtigt sind oder werden, unterliegen dem Zwang, den Rentenantrag zu stellen. Sollte der Antrag nicht gestellt werden, sperrt das Arbeitsamt das Altersübergangsgeld. Zeigt sich, daß die bewilligte Rente niedriger ausfällt als das

Altersübergangsgeld, erhält der Rentner eine Ausgleichszahlung (§ 249e AFG i. d. F. des 1. SKWPG).

Im übrigen enthält dieses Gesetz auch Regelungen, die den Wechsel von Arbeitslosenhilfe zur Altersrente nach einem vorherigen Bezug von Altersübergangsgeld oder Arbeitslosengeld vorschreiben.

Das Gesetz fordert für die Rentenberechtigung eine bestimmte Dauer und Lage der vorherigen Arbeitslosigkeit, nämlich eine Arbeitslosigkeit von 52 Wochen vor dem Beginn der Rente, und zwar in einem Zeiraum von eineinhalb Jahren. Da eine Rente häufig mit dem Monat beginnt, der auf den Monat der Vollendung des 60. Lebensjahres folgt, gilt: Für die Prüfung des Rentenanspruchs ist die eineinhalbjährige Rahmenfrist (innerhalb der eine Arbeitslosigkeit von 52 Wochen liegen muß) so zu bestimmen, daß sie bis an das Ende des Kalendermonats der Vollendung des 60. Lebensjahres reicht.

Praxishinweis: *Da ein verspäteter Rentenantrag zu einem späteren Rentenbeginn führen kann (vgl. Rz. 155), das Gesetz aber bei der Altersrente wegen Arbeitslosigkeit grundsätzlich auf den Rentenbeginn abstellt, kann ein verspäteter Antrag zu einer Verschiebung der eineinhalbjährigen Rahmenfrist und damit unter Umständen zum Verlust eines an sich gegebenen Rentenanspruchs führen. Falls daher zweifelhaft ist, ob die 52 Wochen Arbeitslosigkeit in der Rahmenfrist von eineinhalb Jahren nachzuweisen sind, sollte rechtzeitig eine Beratung durch den zuständigen Rentenversicherer erfolgen.*

Neben der Vollendung des 60. Lebensjahres und der (vom Gesetz näher umschriebenen) Arbeitslosigkeit ist für den Rentenanspruch erforderlich, daß 15 Jahre Wartezeit zurückgelegt worden sind.

Diese Wartezeit von 15 Jahren wird mit Beitragszeiten und mit Ersatzzeiten gefüllt. Es sind also dieselben Zeiten anrechenbar wie bei der allgemeinen Wartezeit für eine Regelaltersrente (vgl. Rz. 21).

Weitere Anspruchsvoraussetzung ist schließlich, daß in den letzten 10 Jahren vor dem Rentenbeginn 8 Jahre an Pflichtbeitragszeiten liegen müssen. Zu den Pflichtbeitragszeiten zählen nicht nur die Zeiten der Beitragszahlung während einer Beschäftigung, sondern z. B. auch Zeiten der Kindererziehung (Pflichtbeitragszeit von 3 Jahren bei Kindesgeburten ab 1992), des Wehr- und Zivildienstes und eines bestimmten Sozialleistungsbezuges. Liegen in der 10jährigen Rahmenfrist bestimmte Zeiten (z. B. Zeiträume des Bezuges einer Rente wegen verminderter Erwerbsfähigkeit), so wird die Rahmenfrist zugunsten des betroffenen Bürgers um diese Zeiten erweitert.

Das Problem eines verspäteten Rentenantrags, der zu einer Verschiebung der Rahmenfrist führt, stellt sich hier in gleicher Weise wie bei der Prüfung der Arbeitslosigkeit.

Ebenso wie bei den meisten anderen Altersrenten gilt eine Hinzuverdienstgrenze, deren Überschreitung grundsätzlich den Wegfall der Rente nach sich zieht (vgl. Rz. 27 ff.).

Auch für die Altersrente wegen Arbeitslosigkeit gilt die gesetzliche Festlegung (§ 41 Abs. 1 SGB VI), daß ab dem Jahr 2001 eine Anhebung der Altersgrenzen erfolgt (vgl. Rz. 23).

Altersrente für Frauen

Für diese, ausschließlich Frauen vorbehaltene Rente (§ 39 SGB VI) 26 sind folgende Anspruchsvoraussetzungen zu erfüllen:
- Vollendung des 60. Lebensjahres,
- Vorliegen von mehr als 10 Jahren an Pflichtbeitragszeiten nach Vollendung des 40. Lebensjahres,
- Erfüllung der Wartezeit von 15 Jahren.

Praxishinweis: *Im Rentenrecht der DDR waren die Anspruchsvoraussetzungen für die mit dem 60. Lebensjahr zustehende Frauenaltersrente weniger streng gefaßt. Deshalb ist gerade für Frauen das Übergangsrecht bedeutsam, das in den jungen Bundesländern in der Zeit vom 1. Januar 1992 bis zum 31. Dezember 1996 gilt (vgl. Rz. 115 ff.). Bis zu diesem Zeitpunkt ist eine Rentenberechtigung unter den erleichterten Anspruchsvoraussetzungen des DDR-Rechts möglich.*

Problematisch kann bei der Frauenaltersrente vor allem die Voraussetzung werden, daß nach Vollendung des 40. Lebensjahres mehr als 10 Jahre Pflichtbeitragszeiten liegen müssen. Das heißt mit anderen Worten, daß zwischen dem 40. und dem 60. Lebensjahr mindestens 121 Kalendermonate mit Pflichtbeiträgen zur Rentenversicherung belegt sein müssen. Wird diese Zahl nicht erreicht, kann die Rente ggf. auch nach dem 60. Lebensjahr beginnen, sobald 121 Monatsbeitragszahlungen nachweisbar sind. Die erforderlichen Pflichtbeiträge werden in der Regel auf eine rentenversicherungspflichtige Beschäftigung zurückzuführen sein. Zu den Pflichtbeiträgen zählen aber beispielsweise auch Zeiten der Kindererziehung (im Umfang von 3 Jahren bei Kindesgeburten nach dem 31. Dezember 1991) und Zeiten des Bezuges einer Sozialleistung, z. B. Arbeitslosengeld.

Praxishinweis: *Frauen, die mit Vollendung des 60. Lebensjahres in Rente gehen wollen, sollten frühzeitig darauf achten, daß beim Erreichen dieses Lebensalters die 121 Monate an Pflichtbeiträgen zustande kommen. Die frühzeitige Beachtung dieser Anspruchsvoraussetzung ist auch deshalb anzuraten, weil bei einem Rentenbeginn nach 1996 nicht mehr die erleichterten Anspruchsvoraussetzungen des Übergangsrechts gelten.*

Bei der Wartezeit von 15 Jahren geht es um dasselbe Erfordernis, das auch bei der Altersrente wegen Arbeitslosigkeit erfüllt sein muß (vgl. Rz. 25).

Der Anspruch auf die Altersrente für Frauen setzt ferner voraus, daß bestimmte Hinzuverdienstgrenzen nicht überschritten werden (vgl. Rz. 27ff.).

Praxishinweis: *Haben Frauen bereits am 31. Dezember 1991 eine Altersrente nach DDR-Recht erhalten, bestehen für sie keine Hinzuverdienstgrenzen, die zum Rentenwegfall führen könnten (§ 236 Abs. 2a SGB VI).*

Bei einem Rentenbeginn ab 1. Januar 1992 bestehen ebenfalls unbegrenzte Hinzuverdienstmöglichkeiten, wenn die Rente gleichfalls noch nach dem (in Anwendung des Vertrauensschutzes bis

48

Ende 1996) modifizierten DDR-Recht bestimmt worden ist. Ist die Rente aber nach dem neuen Recht des SGB VI bestimmt worden und wird sie als die höhere auch gezahlt, sind die hierfür festgelegten Hinzuverdienstgrenzen einzuhalten. Sollte die Rentnerin aber Wert auf unbegrenzten Hinzuverdienst legen, müßte sie auf diese SGB VI-Rente verzichten und die (niedrigere) DDR-Rente beanspruchen. Endet das Beschäftigungsverhältnis und fällt dadurch der Hinzuverdienst weg, könnte sie wieder zu der (höheren) SGB VI-Rente zurückkehren, bei der sie dann nicht störende Hinzuverdienstgrenzen bestehen.

Auch bei der Altersrente für Frauen gilt die gesetzliche Festlegung (§ 41 Abs. 1 SGB VI), daß ab dem Jahr 2001 eine Anhebung der Altersgrenzen erfolgt.

Beispiele:

Für eine Frau, die im Zeitraum Januar bis April 1941 geboren wurde, wird die Altersgrenze von 60 Jahren um einen Monat heraufgesetzt. Liegt ihr Geburtdatum in den Monaten September bis Dezember 1941 wird um 3 Monate angehoben. Sie kann dann also mit Vollendung des Alters von 60 Jahren und drei Monaten in Rente gehen. Die Anhebung auf die Regelaltersgrenze von 65 Jahren ist bei den Frauen erreicht, die ab November/Dezember 1952 geboren wurden.

Wie hoch darf zu einer Altersrente hinzuverdient werden?

Hat ein Altersrentner bereits das 65. Lebensjahr überschritten, darf er unbegrenzt neben der Rente hinzuverdienen (§ 34 Abs. 2 Satz 1 SGB VI). Dabei ist die Art der Altersrente unbeachtlich, und auch, ob es sich um eine Voll-oder Teilrente handelt.

Vor Vollendung des 65. Lebensjahres gilt dagegen im Grundsatz, daß der Altersrentner eine „Hinzuverdienstgrenze" zu beachten hat. Hinzuverdienstgrenze bedeutet, daß ein Höchstbetrag für Arbeitsentgelt (Lohn und Gehalt) und Arbeitseinkommen (aus selbständiger Tätigkeit) festgelegt ist.

27

> **Praxishinweis:** *Beachtlich sind laufende Einkünfte aus Arbeit bzw. Tätigkeit. Unbeachtlich, d. h. ohne Einfluß auf den Rentenanspruch, sind deshalb Zahlungen des Arbeitgebers nach Beendigung des Arbeitsverhältnisses wie Abfindungen jeglicher Art oder auch eine Urlaubsabgeltung. Desgleichen bleiben die Betriebsrente, etwaige Einkünfte aus Vermietung und Verpachtung, die Zinsen von Geldanlagen u. a. unberücksichtigt. Einkünfte aus mehreren Arbeitsverhältnissen und selbständigen Tätigkeiten sind zusammenzurechnen.*

Wird diese Hinzuverdiensgrenze mit den Einkünften aus Arbeit überschritten, kommt es zum Rentenwegfall oder zu einer Kürzung der Rente, weil ggf. noch ein Teilrentenbezug möglich ist.

28 Die Hinzuverdienstgrenze für Rentenbezieher einer Altersrente unter 65 Jahren (**Vollrentner**) beträgt für das Jahr 1994 440 DM monatlich (dieser Betrag ist ein Siebtel der monatlichen Bezugsgröße, eines zentralen Wertes in der Sozialversicherung, der jährlich neu bestimmt wird).

Der Anspruch auf die Rente entfällt bzw. die Kürzung erfolgt mit dem Monat, in dem die Hinzuverdienstgrenze überschritten wird. Hierbei ist aber zu beachten, daß nicht jegliches Überschreiten der Hinzuverdienstgrenzen diese Folgen hat, sondern erst dann, wenn im Jahr in zwei Monaten auch das Doppelte der monatlichen Hinzuverdienstgrenze überschritten wird. Der jeweilige Beginn des Einjahreszeitraumes orientiert sich am Beginn der Rente (§ 34 Abs. 2 Satz 2 SGB VI).

Beispiel:

Beginnt eine Altersvollrente (z. B. wegen Arbeitslosigkeit für einen 61jährigen Mann) am 1. März 1994 und möchte der Rentenempfänger nebenher eine Beschäftigung (Urlaubsaushilfe) für Juli und August 1994 übernehmen, hat die Beschäftigung keine Folgen für den Bezug der vollen Rente, wenn in jedem dieser Monate ein Arbeitsentgelt von nicht mehr als 880 DM (zweimal 440 DM) erzielt wird. Der maßgebliche Einjahreszeitraum liegt in diesem Beispiel jeweils in der Zeit vom 1. März bis 28.(29.) Februar. Sollte sich nun für den Oktober 1993 eine weitere Arbeitsmöglichkeit ergeben, aus der ein Verdienst von 550 DM erzielt wird, würde zwar der Anspruch auf die Vollrente wegfallen, aber der Betrag von 2/3 dieser Rente wäre im

Oktober zu zahlen, weil die Mindesthinzuverdienstgrenze für die 2/3-Teilrente mit 550 DM nicht überschritten ist.

Wichtige Ausnahmen von der Hinzuverdienstgrenze gelten in den neuen Bundesländern für Frauen (vgl. Rz. 26).

Macht ein Altersrentner ausnahmsweise von der Möglichkeit des Bezuges einer **Teilrente** Gebrauch (vgl. Rz. 20), gelten besondere, sehr kompliziert zu bestimmende Hinzuverdienstgrenzen. Wird die im jeweiligen Einzelfall maßgebliche Grenze überschritten, so kommt es ggf. zur Gewährung einer niedrigeren Teilrente (z. B. einer 1/3-Teilrente an Stelle einer 1/2-Teilrente; einer 1/2-Teilrente anstelle einer 2/3-Teilrente und einer 2/3-Teilrente anstelle einer Vollrente). 29

Erst bei Überschreiten der Hinzuverdienstgrenze für die 1/3-Teilrente fällt der Anspruch auf Rente vollends weg.

Die Hinzuverdienstgrenzen bei den Teilrenten werden jedes Mal dann neu festgesetzt, wenn ein neuer „aktueller Rentenwert" (vgl. Rz. 106ff.) festgelegt wurde. Dies war bislang in den jungen Bundesländern jeweils zum 1. Januar und 1. Juli eines jeden Jahres der Fall.

Im einzelnen gilt für die Ermittlung der Hinzuverdienstgrenzen bei Teilrenten:

- Die Hinzuverdienstgrenze ist erstens abhängig von der Größe der Teilrente (1/3; 1/2; 2/3). Eine Staffelung erfolgt nach dem Grundsatz: Je größer die Teilrente, desto kleiner der erlaubte Hinzuverdienst. Zweitens ist die Hinzuverdienstgrenze abhängig von der Höhe des Arbeitsverdienstes im Kalenderjahr vor Rentenbeginn.

Beispiel:

Beginnt die Rente am 1. August 1994, ist der Verdienst im Jahr 1993 maßgebend.

- Die Hinzuverdienstgrenze wird nach folgender Formel berechnet:

aktueller Rentenwert × Entgeltpunkt × Faktor für Teilrente

aktueller Rentenwert: im 1. Halbjahr 1994 gilt der Wert: 33,34 DM (siehe Rz. 106ff.)

Entgeltpunkt: (siehe Rz. 79ff.)	zu berechnen ist der Entgeltpunkt für den Arbeitsverdienst für das dem Rentenbeginn vorausgehende Kalenderjahr. Ergibt die Berechnung, daß der Wert unter 0,5 Entgeltpunkten liegt, ist stets von 0,5 Entgeltpunkten auszugehen. Dies führt zu der „allgemeinen Hinzuverdienstgrenze." Liegt der Wert über 0,5 Entgeltpukten, ist der tatsächliche Wert der Berechnung zugrunde zu legen. Das ergibt dann die „individuelle Hinzuverdienstgrenze"
Faktor für Teilrente:	1/3 Teilrente = das 70fache 1/2 Teilrente = das 52,5fache 2/3 Teilrente = das 35fache.

Beispiele:

Entsprechend der Berechnungsformel ergeben sich als allgemeine Hinzuverdienstgrenze für das 1. Halbjahr 1994 folgende Werte:

– bei der 1/3-Teilrente (33,34 DM × 0,5 × 70)   *1 166,90 DM*
– bei der 1/2-Teilrente (33,34 DM × 0,5 × 52,5):   *875,18 DM*
– bei der 2/3-Teilrente (33,34 DM × 0,5 × 35):   *583,45 DM.*

Sollte der Arbeitsverdienst in dem Jahr, das dem Rentenbeginn vorausgegangen ist, genau dem Durchschnittsverdienst aller Versicherten entsprochen haben, ergeben sich für das 1. Halbjahr 1994 die folgenden Werte:

– bei der 1/3-Teilrente (33,34 DM × 1 × 70):   *2 338,80 DM*
– bei der 1/2-Teilrente (33,34 DM × 1 × 52,5):   *1 688,93 DM*
– bei der 2/3-Teilrente (33,34 DM × 1 × 35):   *1 125,95 DM.*

Bei Arbeitsverdiensten, die bei oder über der Beitragsbemessungsgrenze lagen, sind folgende maximalen Hinzuverdienstgrenzen für das 1. Halbjahr 1994 maßgebend:

– bei der 1/3-Teilrente (33,34 DM × 1,7595 × 70):   *4 141,47 DM*
– bei der 1/2-Teilrente (33,34 DM × 1,7595 × 52.5):   *3 079,74 DM*
– bei der 2/3-Teilrente (33,34 DM × 1,7595 × 35):   *2 053,156 DM.*

Für Arbeitsverdienste bis zu diesen Grenzen besteht neben dem Teilrentenbezug Beitragspflicht in der Rentenversicherung. Diese Beitragszahlungen steigern dann die künftige Vollrente.

Welche Rentenarten gehören zu den Renten wegen verminderter Erwerbsfähigkeit?

Unter der Bezeichnung „Renten wegen verminderter Erwerbsfähigkeit" werden drei Renten zusammengefaßt, nämlich die Rente wegen Berufsunfähigkeit (§ 43 SGB VI), die Rente wegen Erwerbsunfähigkeit (§ 44 SGB VI) und die Rente für Bergleute (§ 45 SGB VI), die hier nur erwähnt werden soll. Nach dem Rentenrecht der DDR gab es für Bergleute auch spezielle Renten bei Minderung der Erwerbsfähigkeit, im übrigen aber eine einheitliche Invalidenrente. 30

Praxishinweis: Zwar kann es bei einem Rentenbeginn bis zum 31. Dezember 1996 noch zur Zahlung von Invalidenrenten unter Anwendung des bis dahin im Rahmen des Vertrauensschutzes fortgeltenden DDR-Rechts kommen (vgl. Rz. 123), in aller Regel wird aber die Berufs- bzw. Erwerbsunfähigkeitsrente günstiger sein. Deshalb wird der besondere gesetzliche Vertrauensschutz nur selten wirksam.

Invalidenrenten aus der DDR, die bereits vor 1992 gewährt wurden, sind ab 1. Januar 1992 entweder als Erwerbsunfähigkeitsrente, und – sollte die Grenze von 400 DM überschritten worden sein – als Berufsunfähigkeitsrente weiter geleistet worden (§ 302a SGB VI).

Wird eine Berufs- oder Erwerbsunfähigkeitsrente beantragt, ist nach dem Gesetzesauftrag zunächst vom Träger der Rentenversicherung zu prüfen, ob durch Maßnahmen der Rehabilitation, z. B. eine Kur, die Wiederherstellung oder Besserung der Erwerbsfähigkeit erreicht werden kann. Diese Verpflichtung zur Prüfung und zum Angebot von Leistungen der Rehabilitation liegen auch im wirtschaftlichen Interesse der Rentenversicherer. Gelingt es nämlich durch derartige Maßnahmen, die Erwerbsfähigkeit der Antragsteller wieder herzustellen oder zu bessern, können Rentenzahlungen vermieden werden.

Der Antragsteller darf die angebotenen Rehabilitationsmaßnahmen nicht ablehnen, wenn er dafür keinen wichtigen Grund hat. Wird die Teilnahme dennoch verweigert, kann der Rentenversicherungsträger die Rente versagen (§ 65 Abs. 1, § 66 Abs. 2 SGB I).

Praxishinweis: *Wurde durch ärztliches Gutachten festgestellt, daß ein Bezieher von Krankengeld zugleich erwerbsunfähig im Sinne der Rentenversicherung ist oder seine Erwerbsfähigkeit erheblich gefährdet ist, ergibt sich folgende Lage: Der Krankengeldbezieher wird in aller Regel bestrebt sein, das Krankengeld weiter zu erhalten, da dieses regelmäßig höher ausfällt als die zu erwartende Rente (allerdings ist zu beachten, daß nach 72 Wochen des Krankengeldbezuges eine Aussteuerung stattfindet). Es liegt daher im Interesse des Krankengeldbeziehers, vorerst keinen Rentenantrag zu stellen.*

Die Krankenkasse ist berechtigt, den Betreffenden aufzufordern, innerhalb von 10 Wochen einen Antrag auf Maßnahmen zur Rehabilitation bei der Rentenversicherung zu stellen. Kommt er der Aufforderung nicht nach, kann das Krankengeld gesperrt werden (§ 51 Abs. 1 und 3 SGB V). Dieses Aufforderungsrecht der Krankenkasse bewirkt letztlich, daß es bei erfolglosen (oder mangels Erfolgsaussichten nicht durchgeführten) Rehabilitationsmaßnahmen zur Gewährung einer Erwerbsunfähigkeitsrente kommt, welche dann zum Wegfall des Krankengeldes führt (§ 50 Abs. 1 Nr. 1 SGB V).

Praxishinweis: *Im Gegensatz zur Erwerbsunfähigkeitsrente darf eine Berufsunfähigkeitsrente neben einem Krankengeld bezogen werden, wobei allerdings die (niedrigere) Rente auf das (höhere) Krankengeld angerechnet wird (§ 50 Abs. 2 Nr. 2 SGB V). Der Krankengeldbezieher erhält dann eine kombinierte Leistung aus Krankengeld und Berufsunfähigkeitsrente, deren Höhe dem bisherigen (ungekürzten) Krankengeld entspricht.*

Eine Rente wegen verminderter Erwerbsfähigkeit (Berufs- oder Erwerbsunfähigkeitsrente) kann längstens bis zur Vollendung des 65. Lebensjahres gezahlt werden. Danach fällt die Rente nicht weg, sondern wird (ohne daß es eines entsprechenden Antrags bedarf) in eine Regelaltersrente umgewandelt (§ 115 Abs. 3 SGB VI). Dadurch ändert sich bei der Berufsunfähigkeitsrente der Wert des Rentenartfaktors (vgl. Rz. 103 ff.) , nicht bei der Erwerbsunfähigkeitsrente. Die Änderung bewirkt eine Erhöhung des Zahlbetrags der vormaligen Berufsunfähigkeitsrente um ein Drittel.

Rente wegen Berufsunfähigkeit

Der Anspruch auf eine Berufsunfähigkeitsrente ist an folgende Voraus- 31
setzungen gebunden:

- Vorliegen von Berufsunfähigkeit (§ 43 Abs. 1 Nr. 1 SGB VI),
- Erfüllung der allgemeinen Wartezeit von 5 Jahren (§ 43 Abs. 1 Nr. 3 SGB VI) und
- Vorliegen von 3 Pflichtbeitragsjahren in den letzten 5 Jahren vor Eintritt der Berufsunfähigkeit (§ 43 Abs. 1 Nr. 2 SGB VI).

Praxishinweis: *Auf das Vorliegen der beiden zuletzt genannten Voraussetzungen wird ausnahmsweise verzichtet, wenn ein Fall der sog. vorzeitigen Wartezeiterfüllung vorliegt (§ 43 Abs. 4, § 53 SGB VI). Diese günstigere Regelung können vor allem Personen in Anspruch nehmen, die einen Arbeitsunfall erlitten haben und zu diesem Zeitpunkt auch Versicherte der Rentenversicherung waren. (§ 53 Abs. 1 Satz 1 Nr. 1 und Satz 2 SGB VI).*

Wegen des Arbeitsunfalls kann dann sowohl ein Anspruch auf eine Verletztenrente der Unfallversicherung als auch auf eine Rente wegen verminderter Erwerbsfähigkeit der Rentenversicherung begründet sein. Nach der Regelung für das Zusammentreffen dieser beiden Leistungen (§ 93 SGB VI) ist dann die Verletztenrente voll, die Berufsunfähigkeits- oder Erwerbsunfähigkeitsrente bis zu einem Grenzbetrag (70 % der Bemessungsgrundlage der Verletztenrente unter zusätzlicher Berücksichtigung eines Freibetrages) zu zahlen.

Bei der allgemeinen Wartezeit von 5 Jahren (§ 43 Abs. 1 Nr. 3, § 50 Abs. 1 Satz 1 Nr. 1 SGB VI) handelt es sich um dieselbe Wartezeit, die auch bei der Regelaltersrente gefordert wird (vgl. Rz. 21).

Außer dem Nachweis dieser Wartezeit ist als weiteres Erfordernis zu belegen, daß in den letzten 5 Jahren vor dem Eintritt der Berufsunfähigkeit (Rahmenfrist) für mindestens 3 Jahre Pflichtbeiträge zur Rentenversicherung entrichtet worden sind (§ 43 Abs. 1 Nr. 2 SGB VI). Es ist also notwendig, daß innerhalb der 5jährigen Rahmenfrist wenigstens 36 Monatsbeitragszahlungen entrichtet wurden. Pflichtbeitragszeiten sind nicht nur Zeiträume einer versicherungspflichtigen Beschäftigung als Arbeitnehmer, sondern z. B. auch Zeiten der Kindererziehung (vgl. Rz. 63).

Bei dem Nachweis der 36 Pflichtbeiträge innerhalb der Rahmenfrist von 5 Jahren sind zwei Besonderheiten hervorzuheben:

– Liegen in der Rahmenfrist bestimmte rentenrechtliche Zeiten wie Anrechnungszeiten (z. B. Schulzeiten ab dem 16. Lebensjahr, vgl. Rz. 63 ff.) oder Berücksichtigungszeiten (vgl. Rz. 76 ff.), verlängert sich die Rahmenfrist um diese Zeiten nach hinten (§ 43 Abs. 3 SGB VI). Dies ist eine Vergünstigung, weil die Erweiterung der Rahmenfrist dann dazu führt, daß Pflichtbeiträge berücksichtigt werden, die länger als 5 Jahre zurückliegen.

Beispiel:

Ein Bürger wird zum 1. Juli 1993 berufsunfähig. Er war vorher für eineinhalb Jahre (vom 1. Januar 1992 bis zum 30. Juni 1993) selbständig erwerbstätig und hat für diese Zeit keine Beiträge zur Rentenversicherung entrichtet. Davor lag ein einjähriger abgeschlossener Besuch einer Fachschule (vom 1. Januar bis 31. Dezember 1991), dem eine langjährige Tätigkeit als versicherungspflichtiger Arbeitnehmer vorausging.
Die 5jährige Rahmenfrist erfaßt den Zeitraum vom 1. Juli 1988 bis zum 30. Juni 1993, worin nur Pflichtbeiträge für zweieinhalb Jahre liegen (vom 1. Juli 1988 bis zum 31. Dezember 1990). Durch die einjährige, erfolgreich abgeschlossene Fachschule wird aber die Rahmenfrist um ein Jahr nach hinten verlängert (erweiterte Rahmenfrist vom 1. Juli 1987 bis zum 30. Juni 1993, vgl. § 43 Abs. 3 Nr. 1 und § 58 Abs. 1 Nr. 4 SGB VI). Darin liegen dreieinhalb Jahre an Pflichtbeitragszeiten (vom 1. Juli 1987 bis zum 31. Dezember 1990). Damit wird dem Erfordernis der 3jährigen Pflichtversicherung entsprochen.

32 – Auf das Erfordernis der 3jährigen Pflichtbeitragszeit in den letzten 5 Jahren wird verzichtet, wenn bereits vor 1984 eine Mindestversicherungszeit von 5 Arbeitsjahren zurückgelegt worden war, wenn jeder Kalendermonat vom 1. Januar 1984 bis zum Kalendermonat vor Eintritt der Berufsunfähigkeit mit Zeiten „des gewöhnlichen Aufenthalts im Beitrittsgebiet" belegt ist und außerdem seit dem 1. Januar 1992 jeder Monat mit bestimmten Rentenversicherungszeiten belegt wurde (sog. Anwartschaftserhaltungszeiten, vgl. § 240 Abs. 2 SGB

VI). Eine Anwartschaftserhaltungszeit liegt insbesondere dann vor, wenn seit Januar 1992 jeder Kalendermonat mit einem freiwilligen Rentenversicherungsbeitrag belegt wurde.

Praxishinweis: *Für diese freiwilligen „Anwartschaftserhaltungsbeiträge" gilt ein besonders günstiger Mindestbeitrag, der im Jahre 1994 monatlich 84,48 DM ausmacht. Diesen „verbilligten" Beitrag gibt es nur in den neuen Bundesländern (§ 279b SGB VI).*

Auch der Stichtag 1. Januar 1992, von dem an die lückenlose Belegung mit freiwilligen Mindestbeiträgen einsetzen muß, ist nur in den östlichen Bundesländern maßgebend (vgl. § 240 Abs. 2 Nr. 6 SGB VI).In Westdeutschland müssen die Anwartschaftserhaltungszeiten bereits ab Januar 1984 vorliegen.

Zu beachten ist im übrigen, daß freiwillige Beiträge nur bis zum März des Folgejahres wirksam entrichtet werden können (§ 197 Abs. 2 SGB VI). Für das Jahr 1994 können also freiwillige Beiträge noch bis zum 31. März 1995 entrichtet werden.

Die Berufsunfähigkeitsrente kann nur erhalten, wer **berufsunfähig** ist. Mit dem Begriff der Berufsunfähigkeit wird die Reduzierung der Erwerbsfähigkeit wegen Krankheit oder Behinderung in bestimmtem Umfang kenntlich gemacht. Berufsunfähig ist ein rentenversicherter Bürger, der weder in seinem bisherigen Hauptberuf noch in einem ihm zumutbaren Verweisungsberuf halb so viel leisten und verdienen kann wie ein gesunder Berufstätiger mit einer ähnlichen Ausbildung, gleichwertigen Kenntnissen und Erfahrungen (§ 43 Abs. 2 SGB VI). 33

Die Invalidenrente nach dem DDR-Recht war an die Voraussetzung gebunden, daß aufgrund gesundheitlicher Beeinträchtigung die Leistungsfähigkeit in einem solchen Maße reduziert war, daß nur noch ein um 2/3 geminderter Arbeitsverdienst erreichbar war. Die Berufsunfähigkeitsrente stellt auf die Lohnhälfte ab und ermöglicht damit Arbeitnehmern mit einer geringeren gesundheitlichen Beeinträchtigung als bei der Invalidenrente die Rentenberechtigung.

Praxishinweis: *Personen, die in der DDR einen Antrag für eine Invalidenrente gestellt hatten und deren Antrag unter Verweis auf nicht ausreichende Minderung des Leistungsvermögens und des Verdienstes um mindestens zwei Drittel abgelehnt worden war, sollten erwägen, einen Antrag auf Berufsunfähigkeitsrente zu stellen, weil gegenüber der Invalidenrente bei der Berufsunfähigkeitsrente geringere Anforderungen an die Minderung des Leistungsvermögens und des Verdienstes gestellt werden.*

34 Die Berufsunfähigkeitsrente ist so angelegt, daß mit ihr ein Schutz gegen das Risiko, aufgrund gesundheitlicher Beeinträchtigung nicht mehr den Beruf ausüben zu können, gewährleistet wird („Berufsschutz"). Dieser Berufsschutz erfaßt aber nicht nur die vorherige Berufstätigkeit. Die Ablehnung einer Berufsunfähigkeitsrente kann vom Rentenversicherungsträger damit begründet werden, daß der Antragsteller noch in einem zumutbaren Verweisungsberuf arbeiten kann. Übt er tatsächlich einen sozial nicht zumutbaren Beruf aus (Nichtverweisungsberuf), ist die Rente zu gewähren.

Praxishinweis: *Über Kriterien der „sozialen Zumutbarkeit des Verweisungsberufs" hatten vielfach die Sozialgerichte zu befinden. Das Bundessozialgericht (BSG) hat hierzu für **Arbeiter** ein Stufenschema entwickelt, das aus vier Stufen besteht:*

1. Stufe: Vorarbeiter mit Vorgesetzenfunktion; besonders hoch qualifizierte Facharbeiter

2. Stufe: Facharbeiter mit zwei- bis dreijähriger Lehre und Abschlußprüfung

3. Stufe: angelernter Arbeiter mit ein- bis zweijähriger Anlernzeit

4. Stufe: ungelernter Arbeiter.

*Eine zumutbare Verweisungstätigkeit erfaßt nicht nur eine Berufstätigkeit in der jeweiligen Stufe, sondern ebenso eine Tätigkeit, die **eine** Stufe niedriger liegt. Ein Facharbeiter muß deshalb ggf. hinnehmen, auf Anlerntätigkeiten verwiesen zu werden.*

*Für **Angestellte** ist im Einzelfall der qualitative Wert der bisherigen Berufstätigkeit gegenüber einer in Frage kommenden Verweisungstätigkeit abzuwägen und zu beurteilen, ob sie sozial zumut-*

bar ist. Das BSG neigt dazu, für Angestellte ein ähnliches Stufen-
schema wie bei Arbeitern anzuwenden. Wird die noch weiter diffe-
renzierende Rechtsprechung unbeachtet gelassen, ergibt sich fol-
gendes Berufsgruppenschema:

1. Stufe: Angestellte mit einer hohen (akademischen) beruflichen
Qualifikation, die ein Arbeitsentgelt über oder in der Nähe der
Beitragsbemessungsgrenze erhalten

2. Stufe: Angestellte mit einer mehr als zweijährigen (regelmäßig
dreijährigen) Ausbildung

3. Stufe: Angestellte mit einer Ausbildung bis zu zwei Jahren

4. Stufe: unausgebildete Angestellte.

Auch ein Angestellter ist grundsätzlich lediglich auf die Stufe ver-
weisbar, die eine Stufe unter der Wertigkeit des Hauptberufs liegt.
Wird auf tarifliche Eingruppierungsunterlagen zurückgegriffen,
könnte eine bis zu zwei Gehaltsstufen qualitativ niedrigere Tätig-
keit noch sozial zumutbar sein.

Ist der Versicherte erfolgreich durch Maßnahmen der beruflichen
Rehabilitation ausgebildet oder umgeschult worden, ist nach
gesetzlicher Festlegung der dieser neuen Qualifikation entspre-
chende Einsatz stets zumutbar (§ 43 Abs. 2 Satz 3).

Bei der Berufsunfähigkeitsrente ist davon auszugehen, daß im bisherigen Hauptberuf oder in einem zumutbaren Verweisungsberuf nur noch
weniger als die Hälfte des Verdienstes eines vergleichbaren gesunden
Versicherten erzielt werden kann. Gleichwohl kann der Berufsunfähige
noch in einem anderen Beruf einsatzfähig und vielleicht sogar voll einsatzfähig sein. Dieses noch vorhandene Leistungsvermögen soll der
Berufsunfähige auf dem Arbeitsmarkt einsetzen. Deshalb soll die
Berufsunfähigkeitsrente im Verhältnis zur Erwerbsunfähigkeitsrente
nicht in gleichem Maße einen Einkommensersatz darstellen. Die
Berufsunfähigkeitsrente fällt gegenüber der Erwerbsunfähigkeitsrente
oder einer Altersrente um ein Drittel niedriger aus. Dies bewirkt ein
niediger Rentenartfaktor in der Berechnungsformel für die Berufsunfähigkeitsrente (vgl. Rz. 103)

Da der Berufsunfähige auf diese Weise angehalten ist, seine Restlei-
stungsfähigkeit einzusetzen, um weiteres Einkommen neben der Rente

zu erarbeiten, ist bei der Beurteilung von Berufs- und Erwerbsunfähigkeit neben der gesundheitlichen Beeinträchtigung auch die Lage auf dem Arbeitsmarkt mit einzubeziehen.

35 Hierbei ist nach der Rechtsprechung zwischen Berufsunfähigen zu unterscheiden, die noch imstande sind, die volle Arbeitszeit (vollschichtig) zu arbeiten, und anderen, deren Leistungsvermögen nur noch eine reduzierte Arbeitszeit gestattet (untervollschichtige Arbeitsfähigkeit).

Bei **vollschichtiger** Leistungsfähigkeit muß sich der Antragsteller für eine Berufs- oder Erwerbsunfähigkeitsrente ohne Rücksicht auf die Lage auf dem Arbeitsmarkt, also ohne Rücksicht darauf, ob für einen zumutbaren Verweisungsberuf überhaupt Arbeitsplätze vorhanden sind, verweisen lassen. Gelingt es ihm nicht, einen entsprechenden Arbeitsplatz zu finden, liegt ggf. ein Leistungsfall der Arbeitslosenversicherung vor, es besteht aber kein Rentenanspruch.

Ganz anders verhält es sich bei einer **untervollschichtigen** Leistungsfähigkeit. Der Versicherte darf nur dann auf zumutbare Teilzeitbeschäftigungen verwiesen werden, wenn dafür auf dem Arbeitsmarkt auch offene Arbeitsplätze vorhanden sind. Kann nach Festellung des Arbeitsamtes innerhalb eines Jahres keine Vermittlung auf einen solchen Arbeitsplatz erfolgen (auch eine vorausschauende Prüfung ist hier zulässig), besteht zumindest Berufsunfähigkeit, meist sogar Erwerbsunfähigkeit (vgl. Rz. 39). Erwerbsunfähigkeit wird in einer solchen Situation grundsätzlich dann unterstellt, wenn Antragsteller nicht mehr vermögen, halbschichtig zu arbeiten. Dann wird Unvermittelbarkeit angenommen, ohne daß es einer entsprechenden Prüfung des Arbeitsamtes und vorheriger tatsächlicher Vermittlungsbemühungen bedarf.

36 Renten wegen verminderter Erwerbsfähigkeit können aus zwei Gründen befristet gezahlt werden (**Zeitrenten, § 102 Abs. 2 SGB VI**).

Der erste Grund für die Befristung besteht in der begründeten Aussicht, daß sich der Gesundheitszustand wieder bessert und die Minderung der Erwerbsfähigkeit deshalb in absehbarer Zeit behoben sein kann. Darauf, daß die Besserung mit Sicherheit bevorsteht, kommt es nicht an. Sie soll nach medizinischen Erkenntnissen „überwiegend wahrscheinlich" sein.

Für diesen Fall gilt ein maximaler Befristungszeitraum von zunächst 3 Jahren, bei wiederholter Befristung von nicht mehr als insgesamt 6 Jahren.

Der zweite Grund einer befristeten Rentengewährung kann darin liegen, daß der Berechtigte keinen Arbeitsplatz finden konnte und kann, der seinem eingeschränkten Leistungsvermögen entspricht. Auch in diesem, in der Praxis sehr bedeutsamen Fall kann die Befristung mehrfach vorgenommen werden, ohne absolute Begrenzung auf 6 Jahre.

Keine Zeitrente (sondern von vornherein eine Dauerrente wegen Berufsunfähigkeit) wird gewährt, wenn der Berechtigte zum Zeitpunkt der erstmaligen Rentengewährung bereits das 58. Lebensjahr vollendet hat. Im übrigen ist zu beachten, daß eine Zeitrente erst spät beginnt, nämlich nicht vor Beginn des 7. Kalendermonats nach Eintritt der Berufsunfähigkeit (§ 101 Abs. 1 SGB VI).

Praxishinweis: *Bei einer Zeitrente sollte beachtet werden: Die Rente fällt nach Ablauf des vom Rentenversicherungsträger festgelegten Zeitraums (z. B. nach 2 Jahren) weg, ohne daß noch ein Bescheid über den Entzug der Rente ergehen muß. Wurde also die Gewährung der Rente befristet und hat sich der Gesundheitszustand seither nicht verbessert, sollte rechtzeitig vor Ablauf des Bewilligungszeitraums ein Antrag auf Weitergewährung der Zeitrente gestellt werden.*

Über die Höhe eines zulässigen **Hinzuverdienstes** gibt es keine gesetzlichen Festlegungen. Deshalb wird größtenteils die Ansicht vertreten, daß bei der Berufsunfähigkeitsrente stets ein unbeschränkter Hinzuverdienst erlaubt ist. Andererseits wird aus der Anlage der Berufsunfähigkeitsrente auch folgende Auffassung abgeleitet: Da Berufsunfähigkeit begründet ist, wenn der Betreffende nicht mehr als die Hälfte des Verdienstes eines vergleichbaren gesunden Versicherten erzielt, ist nur ein Verdienst bis zu dieser Lohnhälfte im Beruf oder Verweisungsberuf zulässig. Die Rechtslage ist also nicht vollständig geklärt. 37

Wird Arbeitsentgelt aus einer Beschäftigung erzielt, die nicht dem Beruf oder Verweisungsberuf entspricht, bestehen dagegen unbestritten keine Grenzen für den Hinzuverdienst, es sei denn, der Versicherte ist hierfür auf Kosten des Rentenversicherers umgeschult worden. Dann ist wieder die Lohnhälfte zu beachten.

38 Der Anspruch auf eine Rente wegen Erwerbsunfähigkeit (§ 44 SGB VI) ist ähnlich ausgestaltet wie der Anspruch auf eine Berufsunfähigkeitsrente. Der wesentliche Unterschied zwischen den beiden Renten liegt darin, daß bei der Erwerbsunfähigkeitsrente das Vorliegen von „Erwerbsunfähigkeit" gefordert wird, also einer weit größeren gesundheitlichen Beeinträchtigung als bei der Berufsunfähigkeit. Dementsprechend fällt auch die Erwerbsunfähigkeitsrente um ein Drittel höher aus als eine Rente wegen Berufsunfähigkeit, denn eine Resterwerbsfähigkeit kann nicht eingesetzt werden, um weiteres Einkommen zu erzielen. (Berechnung mit einem anderen „Rentenartfaktor" gemäß § 67 SGB VI, vgl. auch Rz. 81, 82.)

Im einzelnen setzt der Anspruch auf eine Erwerbsunfähigkeitsrente voraus:

– Eintritt von Erwerbsunfähigkeit (§ 44 Abs. 1 Nr. 1, Abs. 2 SGB VI),

– Erfüllung der allgemeinen Wartezeit von 5 Jahren (§§ 44 Abs. 1 Nr. 3 SGB VI),

– 3 Jahre Pflichtbeitragszeiten innerhalb einer Rahmenfrist von 5 Jahren vor Eintritt der Erwerbsunfähigkeit (§ 44 Abs. 1 Nr. 3 SGB VI).

Ein Unterschied zur Berufsunfähigkeitsrente besteht insofern, als es nur bei der Erwerbsunfähigkeitsrente einen erleichterten Rentenanspruch für Personen gibt, die schon seit längerer Zeit (unter Umständen bereits seit ihrer Geburt) erwerbsunfähig sind: Ist die allgemeine Wartezeit von 5 Jahren bei diesen Personen nicht erfüllt, so tritt an ihre Stelle eine besondere Versicherungszeit von 20 Jahren, die auch mit solchen Beiträgen erfüllt werden kann, die – z. B. als freiwillige Rentenversicherungsbeiträge – nach dem Eintritt der Erwerbsunfähigkeit liegen (§ 44 Abs. 3, § 50 Abs. 3, § 51 Abs. 1 und 4 SGB VI). Bei diesem Personenkreis ist auch nicht erforderlich, daß in den letzten 5 Jahren zumindest 3 Jahre an Pflichtbeitragszeiten liegen (vgl. Rz. 40).

39 Erwerbsunfähig ist, wer

– wegen Krankheit oder Behinderung eine Erwerbstätigkeit in gewisser Regelmäßigkeit nicht mehr ausüben kann oder

– (trotz regelmäßiger Einsatzfähigkeit) nur noch einen geringfügigen Verdienst erzielen kann. Geringfügig ist im Kalenderjahr 1994 ein

Verdienst, der in den neuen Bundesländern nicht über 440 DM monatlich liegt.

Nicht erwerbsunfähig (aber ggf. berufsunfähig) ist, wer trotz gesundheitlicher Beeinträchtigung noch eine selbständige Erwerbstätigkeit ausübt (§ 44 Abs. 2 Satz 2 SGB VI).

Ein wesentlicher Unterschied zur Berufsunfähigkeit besteht darin, daß es keinen „Berufsschutz" gibt: Die Verweisung auf eine andere Tätigkeit als den bisherigen Hauptberuf ist auch dann möglich, wenn sie mit einem wesentlichen sozialen Abstieg einhergeht. Das bedeutet mit anderen Worten, daß grundsätzlich nur derjenige eine Erwerbsunfähigkeitsrente erhalten kann, der nicht mehr dazu in der Lage ist, auf dem allgemeinen Arbeitsmarkt irgendeine Erwerbstätigkeit auszuüben.

Nach der Rechtsprechung des BSG ist aber bei der Prüfung der Erwerbsunfähigkeit auch die Arbeitsmarktlage zu berücksichtigen (ebenso wie bei der Prüfung der Berufsunfähigkeit, vgl. Rz. 33). In der gegenwärtigen Situation führt dieser Grundsatz der Rechtsprechung dazu, daß der Rentenversicherungsträger regelmäßig nur demjenigen eine Erwerbsunfähigkeitsrente verweigern kann, der trotz gewisser gesundheitlicher Beeinträchtigungen noch vollschichtig (für 8 Stunden täglich) arbeiten kann. Ist dagegen ein rentenversicherter Bürger aus ärztlicher Sicht nicht mehr vollschichtig (sondern beispielsweise nur für 6 Stunden täglich) einsatzfähig, folgt daraus in der Regel ein Anspruch auf eine Erwerbsunfähigkeitsrente, weil gegenwärtig keine entsprechenden Teilzeitarbeitsplätze vorhanden sind. Das aber wird vom BSG gerade gefordert.

Erwerbsunfähigkeit liegt insbesondere dann vor, wenn der Betreffende

– wegen seines Gesundheitszustands weniger als 2 Stunden täglich arbeiten kann oder
– zwar noch 4 bis 6 Stunden arbeiten kann, aber der entsprechende Teilzeitarbeitsmarkt für ihn verschlossen ist.

Das Erfordernis der allgemeinen Wartezeit von 5 Jahren entspricht der 40 Wartezeit, die auch bei einer Berufsunfähigkeitsrente und einer Regelaltersrente gefordert wird.

Die weitere Anspruchsvoraussetzung, daß in den letzten 5 Jahren mindestens 3 Jahre an Pflichtbeiträgen liegen müssen, entspricht der Anspruchsprüfung bei der Berufsunfähigkeitsrente (vgl. Rz. 21).

Es gelten damit auch die Besonderheiten, die mit diesem Anspruchsmerkmal verbunden sind. Es besteht also die Möglichkeit der „erweiterten Rahmenfrist". Auch ist es möglich, mittels Entrichtung von freiwilligen „Anwartschaftserhaltungsbeiträgen" einen Rentenanspruch zu erlangen, obwohl dem Erfordernis der 3jährigen Pflichtbeitragsleistung an sich nicht genügt wird.

Nur bei den Erwerbsunfähigkeitsrenten, nicht bei den Berufsunfähigkeitsrenten, gilt eine Sonderregelung, die für Frühbehinderte (insbesondere Personen, die von Geburt an behindert sind) sehr beachtlich ist. Wer danach vor Erfüllung der allgemeinen Wartezeit von 5 Jahren bereits erwerbsunfähig war und seitdem ununterbrochen erwerbsunfähig ist, hat Anspruch auf die Rente wegen Erwerbsunfähigkeit, wenn die Voraussetzung einer Wartezeit von 20 Jahren erfüllt ist.

Da diese Wartezeit bei Behinderten aus den jungen Bundesländern zum größten Teil mit fiktiven Pflichtbeitragszeiten erfüllt werden kann und die noch fehlenden Zeiten mit freiwilligen Beiträgen erfüllt werden können, haben damit Frühbehinderte die Möglichkeit, einen Anspruch auf eine Erwerbsunfähigkeitsrente zu erlangen. Für Erwerbsunfähige gilt die Zeit ab vollendetem 16. Lebensjahr und nach Eintritt der Erwerbsunfähigkeit Zeit vom 1. Juli 1975 bis zum 31. Dezember 1991 als Pflichtbeitragszeit (§ 248 Abs. 2 SGB VI). Das können also maximal 16 1/2 Jahre der geforderten Wartezeit von 20 Jahren sein. Die restlichen 3 1/2 Jahre könnten durch die freiwillige Zahlung des verbilligten Beitrags (1994 ist das ein Betrag von 84,48 DM monatlich) ggf. durch Unterstützung der Sozialhilfe erfüllt werden.

41 Wer eine Rente wegen Erwerbsunfähigkeit bezieht, darf aus einem Arbeitsverhälnis nur einen **Hinzuverdienst** in Höhe von einem Siebentel der monatlichen Bezugsgröße (1994 sind dies in Ostdeutschland 440 DM) erzielen, sonst entfällt die Berechtigung, diese Rente zu beziehen. Zu prüfen wäre bei einem höheren Verdienst, ob die Voraussetzungen für eine Berufsunfähigkeitsrente erfüllt sind.

Sollte am 31. Dezember 1991 eine Invalidenrente nach DDR-Recht bezogen worden sein, wurde sie grundsätzlich zum 1. Januar in eine Erwerbsunfähigkeitsrente umgewandelt. Bei dieser umgewandelten Rente besteht eine Grenze von 400 DM für einen Hinzuverdienst, wobei ein zweimaliges Überschreiten bis zum Doppelten dieses Betrages im Laufe eines Kalenderjahres gestattet ist. Wird die Grenze von

400 DM überschritten, kommt es nicht zu einem Wegfall der Rente, sondern zu einer Umwandlung in eine Berufsunfähigkeitsrente (zu den Hinzuverdienstgrenzen bei der Berufsunfähigkeitsgrenze vgl. Rz. 37). Wurde also die Invalidenrente zum 1. Januar 1992 anhand der 400 DM-Grenze in eine Berufs- bzw. Erwerbsunfähigkeitsgrenze umgestellt, kommt es seitdem für die Rentenberechtigung nur darauf an, daß weiterhin Berufs- bzw. Erwerbsunfähigkeit vorliegt (§ 302a Abs. 2 SGB VI).

Hinterbliebenenrenten (Renten wegen Todes)

Die dritte Gruppe von Renten, die es im neuen Rentenrecht gibt, sind 42 die Hinterbliebenenrenten. Diese Renten (geregelt in den §§ 46 ff. SGB VI) werden vom Gesetz als „Renten wegen Todes" bezeichnet.

Witwen- bzw. Witwerrente

Eine Witwe erhält nach dem Tode ihres Ehemannes eine Witwenrente, 43 ein Witwer nach dem Tode seiner Ehefrau eine Witwerrente (§ 46 SGB VI). Die Voraussetzungen des Rentenanspruchs sind jeweils dieselben.

Grundvoraussetzungen für die Zahlung einer Witwen- oder Witwerrente sind:
– Der verstorbene Ehegatte (aus dessen Rentenkonto die Rente abgeleitet wird) mußte die allgemeine Wartezeit von 5 Jahren erfüllt haben.
– Der überlebende Ehegatte hat nicht wieder geheiratet. (Bei Wiederheirat fällt eine gezahlte Witwen- oder Witwerrente weg; es besteht dann aber ein Abfindungsanspruch auf den 24fachen Monatsbetrag der Rente.)

Auf diese Wartezeit, die auch bei der Regelaltersrente und der Berufs- 44 bzw. Erwerbsunfähigkeitsrente erfüllt sein muß, werden vor allem Beitragszeiten angerechnet, also Zeiten einer Rentenversicherungspflicht oder einer freiwilligen Rentenversicherung (§ 50 Abs. 1 Nr. 3, § 51 Abs. 1 SGB VI). Daneben werden auch Ersatzzeiten angerechnet; das sind z. B. Zeiten eines Kriegsdienstes (§ 51 Abs. 4 SGB VI).

In Ausnahmefällen kann die allgemeine Wartezeit, die 5 Jahre beträgt, auch vorzeitig erfüllt werden (§ 53 SGB VI). Die vorzeitige Wartezeiterfüllung liegt vor allem dann vor, wenn der Versicherte (aus dessen Rentenkonto eine Hinterbliebenenrente abgeleitet werden soll) an einem Arbeitsunfall verstorben ist.

Der Erfüllung der allgemeinen Wartezeit von 5 Jahren steht es gleich, wenn

– der verstorbene Ehegatte zum Zeitpunkt des Todes eine Rente bezogen hat (§ 50 Abs. 1 Satz 2 Nr. 2 SGB VI) oder

– der überlebende Ehegatte in den neuen Bundesländern bereits vor dem 1. Januar 1992 eine Witwen- bzw. Witwerrente beanspruchen konnte (§ 245 a SGB VI).

Liegen die genannten Voraussetzungen vor, kann ein Anspruch entweder auf die große oder die kleine Witwenrente begründet sein.

45 Die **große Witwen- oder Witwerrente** ist an das Vorliegen einer der 3 weiteren Bedingungen (§ 46 Abs. 2 SGB VI) gebunden:

– die Witwe oder der Witwer erziehen ein eigenes Kind oder ein Kind des verstorbenen Ehegatten, das das 18. Lebensjahr noch nicht vollendet hat,

– die Witwe oder der Witwer haben das 45. Lebensjahr vollendet oder

– sie selbst sind berufs- oder erwerbsunfähig.

Praxishinweis: *Als Kinder werden auch berücksichtigt (§ 46 Abs. 2 Satz 2 SGB VI):*

– Stief- und Pflegekinder, die in den Haushalt der Witwe bzw. des Witwers aufgenommen sind, sowie

– Enkel und Geschwister, die in den Haushalt der Witwe bzw. des Witwers aufgenommen sind oder die von der Witwe bzw. dem Witwer überwiegend unterhalten werden.

Ist das in häuslicher Gemeinschaft umsorgte Kind infolge Behinderung außerstande, sich selbst zu unterhalten, wird es auch dann bei der Prüfung eines Anspruchs auf die große Witwen- bzw. Witwerrente berücksichtigt, wenn es das 18. Lebensjahr überschritten hat (§ 46 Abs. 2 Satz 3 SGB VI).

Die große Witwen- oder Witwerrente wird in Höhe von 60 % der 46
Rente des verstorbenen Ehegatten geleistet, die **kleine** fällt wesentlich
geringer aus. Sie wird in Höhe von 25 % der Rente des Verstorbenen
gezahlt.

Bei diesen Hinterbliebenenrenten nach SGB VI (nicht bei den Hinterbliebenenrenten nach noch fortgeltendem DDR-Recht, vgl. Rz.
124) erfolgt eine **Anrechnung von Einkommen** (§ 97 SGB VI). Dies bedeutet, daß – wie bei den Altersrenten unter dem Alter von 65 Jahren – in
begrenzter Höhe ein Hinzuverdienst möglich ist, ohne daß sich daraus
Konsequenzen für den Rentenbezug ergeben.

Übersteigt der (Netto-)Verdienst aus Arbeit (insbesondere der Arbeits-
lohn aus einer Beschäftigung, aber auch das Arbeitseinkommen aus
selbständiger Tätigkeit) bzw. das Versorgungseinkommen (insbesondere die eigene [z.B Alters-]Rente der Witwe bzw. des Witwers) einen
bestimmten Grenzbetrag (Freibetrag), ist grundsätzlich ein Teil des darüber liegenden Verdienstes auf die Rente anzurechnen, d. h. um diesen
Teil des Übersteigensbetrages wird die Rente gekürzt.

Bestimmte Einkommensarten werden nicht angerechnet. Dies gilt für
das Einkommen des überlebenden Ehegatten aus Vermietung oder Ver-
pachtung, Vermögenszinsen, Betriebsrenten, Sozialleistungen ohne
Lohnersatzfunktion wie Wohngeld, Kindergeld Sozialhilfe u. a.

Vom Übersteigensbetrag werden 40 % auf die Rente angerechnet.

Der Freibetrag ist nicht als ein feststehender Wert festgelegt worden;
er folgt der Rentenentwicklung, indem er jeweils ein Vielfaches des
aktuellen Rentenwertes (vgl. Rz. 106) darstellt. Bei den Witwen- oder
Witwerrenten ist der aktuelle Rentenwert (für das 1. Halbjahr 1994 gilt
der Wert von 33,34 DM) mit dem Wert 26,4 zu multiplizieren. Das
ergibt für das 1. Halbjahr 1994 den Freibetrag von 880,18 DM.

Dieser Freibetrag wird erhöht, wenn die Witwe oder der Witwer ein
Kind haben, das Anspruch auf Waisenrente hat. Der Erhöhungsbetrag
ist aber auch dann zu gewähren, wenn das Kind nur deshalb keinen
Anspruch auf Waisenrente hat, weil es kein Kind des verstorbenen Ehegatten ist (zur Waisenrente vgl. Rz. 48 ff.).

Der Erhöhungsbetrag, der für jedes Kind gewährt wird, ist das 5,6fache des aktuellen Rentenwertes. Er beträgt also in den neuen Bundesländern 186,70 DM für die Zeit vom 1. Januar bis 30. Juni 1994.

In den alten Bundesländern werden auf der Grundlage der Vertrauensschutzregelung des § 314 SGB VI bei Todesfällen bis zum 31. Dezember 1995 noch nicht 40 % des Übersteigensbetrages, sondern keine oder geringere Beträge angerechnet. Diese stufenweise Einkommensanrechnung erfolgt nicht, wenn der Verstorbene oder die Witwe oder der Witwer am 18. Mai 1990 in der DDR gewohnt („den gewöhnlichen Aufenthalt") hatte (§ 314a Abs. 2 SGB VI).

47 Während der ersten 3 Monate des Bezuges der Witwen- bzw. Witwerrente (dem sog. Sterbevierteljahr, das bis zum Ablauf des dritten Kalendermonats reicht, der dem Todesmonat folgt) gelten zwei bedeutende Vergünstigungen:

– Die Witwen- bzw. Witwerrente wird in Höhe von 100 % der Rente des verstorbenen Ehegatten gewährt, also nicht in Höhe von 60% oder 25 % dieser Rente wie nach dem Sterbevierteljahr (dies wird durch den für diesen Zeitabschnitt festgelegten Rentenartfaktor erreicht, § 67 Nr. 6 SGB VI, vgl. auch Rz. 103 ff.).

– Eine Einkommensanrechnung findet nicht statt (§ 97 Abs. 1 Satz 2 SGB VI).

Praxishinweis: *Auch dann, wenn wegen hohen Arbeitseinkommens nur noch mit einem sehr kleinen oder gar keinem Rentenbetrag zu rechnen ist, könnte dennoch ein Antrag auf die Witwen- oder Witwerrente Sinn machen, weil zumindest für das Sterbevierteljahr 100 % der Rente des Verstorbenen bezogen werden können.*

Besonders hervorzuheben ist, daß ein Hinterbliebenenrentenanspruch nach den Bestimmungen des SGB VI in Ostdeutschland auch dann besteht, wenn der Tod des Ehegatten vor dem 1. Januar 1992 eingetreten ist. Dies kann dazu führen, daß eine Rentenberechtigung nach SGB VI auch dann besteht, wenn ein füherer Rentenantrag nach DDR-Recht unter Verweis auf den überwiegenden Unterhalt durch den Witwer oder die Witwe (vgl. Rz. 124) abgelehnt worden war.

Für die Witwerrente ist hierbei aber eine Besonderheit zu beachten: Ist die Ehefrau (aus deren Versicherung die Berechtigung zur Witwerrente abgeleitet wird) vor dem 1. Januar 1986 verstorben, besteht der Anspruch auf eine Witwerrente nur, wenn die Ehefrau zum Todeszeitpunkt den Unterhalt der Familie überwiegend bestritten hat (§ 303 SGB VI).

Waisenrente

Waisenrente (§ 48 SGB VI) wird bei Erfüllung der folgenden Voraus- 48
setzungen gezahlt:

– Status als Waise (Halb- oder Vollwaise),

– Erfüllung der allgemeinen Wartezeit von 5 Jahren durch den verstorbenen Elternteil,

– altersbedingte Voraussetzungen durch die Waise.

Für die Beurteilung, ob der Status als Halb- oder Vollwaise gegeben ist, gelten folgende Grundsätze:

– Halbwaise ist ein Kind, das noch einen unterhaltspflichtigen Elternteil besitzt.

– Vollwaise ist ein Kind, das keinen unterhaltspflichtigen Elternteil mehr hat.

– Die Unterhaltspflicht bestimmt sich grundsätzlich nach dem BGB. Für den Rentenanspruch ist aber unerheblich, wie sich die finanziellen Verhältnisse des Unterhalspflichtigen darstellen (§ 48 Abs. 1 Nr. 2 SGB VI).

– Ein Kind ist als Vollwaise anzusehen, wenn es keine leiblichen Eltern und auch keine Adoptiveltern hat.

Beispiele:

– Das Kind hat den Status einer Halbwaise, wenn der leibliche Vater verstirbt und das Kind in einem Haushalt mit der leiblichen Mutter und dem Stiefvater lebt.

– Das Kind hat den Status einer Vollwaise, wenn es bei Pflegeeltern lebt, nachdem die leiblichen Eltern verstorben sind.

– Das Kind hat auch dann den Status einer Vollwaise, wenn es (vor Volljährigkeit) von einem Ehepaar adoptiert wird und die leiblichen Eltern nach der Adoption versterben.

Als Kinder werden auch berücksichtigt (§ 48 Abs. 3 SGB VI):

– Stief- und Pflegekinder, die in den Haushalt des Verstorbenen aufgenommen waren,

– Enkel und Geschwister, die in den Haushalt des Verstorbenen aufgenommen waren oder von ihm überwiegend unterhalten wurden.

49 Steht der Status als Halb- oder Vollwaise fest, ist für den Anspruch auf eine Waisenrente außerdem erforderlich, daß der verstorbene Versicherte die allgemeine Wartezeit von 5 Jahren erfüllt hat (§ 48 Abs. 1 Nr. 2 SGB VI). Es handelt sich um dasselbe Erfordernis, das auch bei der Witwen- bzw. Witwerrente gilt (vgl. Rz. 43, 44).

Des weiteren hängt der Anspruch auf eine Waisenrente auch von altersbedingten Voraussetzungen der Waise ab (§ 48 Abs. 4 und 5 SGB VI).

Die Dauer des Anspruchs auf Waisenrente ist abhängig vom Alter der Waise. Im Grundsatz gilt, daß die Rente nur bis zur Vollendung des 18. Lebensjahres geleistet wird (§ 48 Abs. 4 Nr. 1 SGB VI). Die Waisenrente wird aber längstens bis zur Vollendung des 27. Lebensjahres der Waise weitergezahlt (§ 48 Abs. 4 Nr. 2 SGB VI), wenn die Waise

– sich in einer Schul- oder Berufsausbildung befindet oder

– wegen einer Behinderung nicht dazu in der Lage ist, sich selbst zu unterhalten.

Ausnahmsweise kann eine Waisenrente auch über die Vollendung des 27. Lebensjahres hinaus gezahlt werden, wenn die Schul- oder Berufsausbildung durch einen gesetzlichen Wehr- oder Zivildienst unterbrochen wurde (§ 48 Abs. 5 SGB VI). Die Bezugsdauer der Waisenrente wird dann ab dem 27. Lebensjahr um den Zeitraum der Dauer des Wehr- bzw. Zivildienstes verlängert.

Beispiel:

Ein Student mußte sein Hochschulstudium wegen eines gesetzlich vorgeschriebenen Wehrdienstes für die Zeit vom 1. April 1992 bis zum 30. Juni 1993 unterbrechen (Grundwehrdienst von 15 Monaten). Das 27. Lebensjahr wurde im Dezember 1993 vollendet. Er kann die Waisenrente bis Mai 1995 beziehen, falls die Hochschulausbildung bis dahin andauert.

Liegt zwischen zwei Ausbildungen ein ausbildungsfreier Zeitraum, kann unter bestimmten Voraussetzungen auch diese Zwischenzeit als Ausbildungszeit im Sinne des Waisenrentenrechts anerkannt werden. Die Rente fällt dann also nicht weg, sondern wird weitergezahlt.

Die Voraussetzungen für diese Weiterzahlung wurden vom Bundessozialgericht (BSG) in Anlehnung an das Kindergeldrecht entwickelt. Das BSG fordert, daß

– bei Beendigung der ersten Ausbildung beabsichtigt ist, die zweite Ausbildung bis zum Ablauf des darauffolgenden vierten Kalendermonats aufzunehmen, und

– die zweite Ausbildung auch tatsächlich bis zu dem genannten Zeitpunkt aufgenommen wird.

Beispiel:

Für den Übergangszeitraum zwischen der Beendigung des Gymnasiums und dem Beginn einer Hochschulausbildung besteht regelmäßig ein Weiterzahlungsanspruch.

Das **Berechnungsverfahren von Waisenrenten** ist komplizierter als das für die Witwen- oder Witwerrenten.

Zunächst gilt auch hier: Die Waisenrente leitet sich von der Rentenanwartschaft des oder der Verstorbenen ab. Bei der Halbwaisenrente sind
es 10 % der Rente des verstorbenen Elternteils, bei der Vollwaisenrente liegt der Prozentsatz naturgemäß höher. Es sind 20 %, und zwar
aus den Anwartschaften beider verstorbener Elternteile.

Hinzu wird ein Zuschlag berechnet (§ 78 SGB VI), der von der Versicherungsdauer des verstorbenen Elternteils und dessen Zugangsfaktor
abgeleitet wird. Bei der Berechnung einer Vollwaisenrente wird aber
hierbei nicht die Versicherungsdauer beider Elternteile berücksichtigt,
sondern nur die Versicherungsdauer des verstorbenen Elternteils mit
der höheren Rente.

Der Zuschlag wird an persönlichen Entgeltpunkten (die sich dann stei-
gernd auf den Rentenbetrag auswirken) berechnet. Für jeden Kalendermonat, für den Beitragszahlungen erfolgt sind, ist bei der Halbwaisenrente ein Zuschlag von 0,083 3 Entgeltpunkten und bei der Vollwaisenrente von 0,075 Entgeltpunkten zu berechnen. Bei der Vollwaisenrente
wird also ein geringerer Zuschlag berechnet, außerdem sind ggf. die
persönlichen Entgeltpunkte des verstorbenen Versicherten mit der
zweithöchsten Rente auf diesen Zuschlag anzurechnen. Dies wird
damit begründet, daß der Entgeltpunktberechnung bei der Vollwaisenrente in der Regel die Versichertenkonten von zwei verstorbenen Versicherten zugrunde gelegt werden.

Der Zuschlag wird unter Umständen beim Zusammentreffen mit anderen Sozialleistungen gekürzt (§ 92 SGB VI).

51 Bezieht eine Waise nach Vollendung des 18. Lebensjahres eine Waisenrente, so ist grundsätzlich eine **Einkommensanrechnung** vorzunehmen (§ 97 SGB VI). Die Anrechnung erfolgt in derselben Weise wie
bei der Witwen- bzw. Witwerrente (vgl. Rz. 46).

Der Freibetrag beträgt bei diesen Renten aber nur das 17,6fache des
aktuellen Rentenwerts. Das macht in den neuen Bundesländern für die
Zeit vom 1. Januar bis zum 30. Juni 1994 den Betrag von 586,78 DM
aus (17,6 × 33,34 DM = 586,78 DM).

Die Einkommenssumme, die über diesem Freibetrag liegt, wird wie bei
der Witwen- oder Witerrente zu 40 % auf die Waisenrente angerechnet.

Auch bei den Waisenrenten erfolgt eine Einkommensanrechnung nur bei SGB VI-Renten, nicht bei den Waisenrenten nach noch fortgeltendem DDR-Recht.

Erziehungsrente

Zu den Renten wegen Todes zählt auch die Erziehungsrente. Hierbei 52 handelt es sich nicht um eine „Hinterbliebenenrente" im eigentlichen Sinne, weil diese Rente nicht von der Rentenanwartschaft des Verstorbenen abgeleitet, sondern aus dem Rentenkonto des überlebenden Ehegatten berechnet wird. Die grundlegende Gemeinsamkeit der Erziehungsrente mit den anderen Renten wegen Todes liegt darin, daß der Todesfall die entscheidende Voraussetzung für den Rentenanspruch ist.

Ein Anspruch auf die Erziehungsrente besteht, wenn vor Vollendung des 65. Lebensjahres folgende Voraussetzungen gegeben sind (§ 47 SGB VI):

– Ehescheidung ohne Wiederheirat,

– Tod des früheren Ehegatten,

– Erziehung eines eigenen Kindes oder eines Kindes des geschiedenen Ehegatten,

– Erfüllung der allgemeinen Wartezeit von 5 Jahren bis zum Tod des geschiedenen Ehegatten.

Erste Voraussetzung des Rentenanspruchs ist eine Ehescheidung (gleichgestellt sind Fälle der sog. Aufhebung oder Nichtigerklärung einer Ehe). Eine Erziehungsrente wird in den jungen Bundesländern auch dann gewährt, wenn die Ehe vor dem 1. Juli 1977 geschieden wurde (§ 243 a SGB VI). In den alten Bundesländern besteht der Anspruch erst bei Ehescheidung ab diesem Zeitpunkt; für die Zeit davor kommt die sog. Geschiedenen-Witwenrente in Betracht.

Eine Erziehungsrente kann nur dann gewährt werden, wenn der überlebende Ehegatte nach der Scheidung nicht wieder geheiratet hat (§ 47 Abs. 1 Nr. 3 SGB VI).

Weitere Anspruchsvoraussetzung für die Erziehungsrente ist die Erziehung eines Kindes (§ 47 Abs. 1 Nr. 2 SGB VI). Grundsätzlich endet die Erziehung mit der Vollendung des 18. Lebensjahres des Kindes (§ 47 Abs. 1 Nr. 2 i. V. m. § 46 Abs. 2 Satz 1 SGB VI). Wird für ein volljähriges Kind gesorgt, so steht dieser Umstand der Erziehungsrente nicht entgegen, wenn es sich um ein behindertes Kind handelt, das sich infolge der Behinderung nicht selbst unterhalten kann (§ 47 Abs. 1 Nr. 2 i. V. m. § 46 Abs. 2 SGB VI).

Praxishinweis: *Als „Kinder" kommen nicht nur leibliche Kinder des verstorbenen oder des überlebenden Ehegatten in Betracht, sondern auch Adoptiv-, Stief- und Pflegekinder sowie Enkel und Geschwister (§ 47 Abs. 1 Nr. 2 i. V. m. § 46 Abs. 2 Satz 2 SGB VI, vgl. auch Rz. 43, 44).*

Schließlich wird für den Anspruch auf Erziehungsrente gefordert, daß die allgemeine Wartezeit von 5 Jahren erfüllt ist (§ 47 Abs. 1 Nr. 4 SGB VI). Diese Wartezeit wurde bereits an anderer Stelle erläutert (vgl. Rz. 43, 44).

Bei der Erziehungsrente sind im Hinblick auf die Wartezeit drei Besonderheiten zu beachten:

– Bei der Wartezeitprüfung ist auf das Rentenkonto des überlebenden Ehegatten abzustellen, nicht etwa – wie bei den anderen Renten wegen Todes – auf das Konto des verstorbenen Versicherten.

– Die Wartezeit muß zum Zeitpunkt des Todes des früheren Ehegatten erfüllt sein.

– Häufig wird es sich so verhalten, daß eine geschiedene, kindererziehende Frau nur deshalb die Wartezeit erfüllt, weil zu ihren Gunsten ein Versorgungsausgleich durchgeführt wurde: Es wurden Rentenanwartschaften des früheren Ehemannes dem Rentenkonto der geschiedenen Frau gutgeschrieben. Damit können auch Wartezeiten erfüllt werden (vgl. § 52 SGB VI). Ein Versorgungsausgleich erfolgt in den jungen Bundesländern aber nur, wenn die Ehe nach dem 31. Dezember 1991 geschieden wurde.

53 Abschließend sei noch auf zwei besondere Hinterbliebenenrenten hingewiesen:

- Hat eine Witwe bzw. ein Witwer noch einmal geheiratet und wird die zweite Ehe geschieden, lebt der Hinterbliebenenrentenanspruch aus erster Ehe wieder auf (§ 46 Abs. 3 SGB VI). Es werden ggf. solche Ansprüche auf diese Wiederauflebensrente („Rente nach dem vorletzten Ehegatten") angerechnet, die aus der zweiten (geschiedenen) Ehe herrühren (§ 90 Abs. 1 SGB VI).

- Hinterbliebenenrenten können auch bei Verschollenheit beansprucht   54
  werden (wenn Umstände den Tod des Versicherten wahrscheinlich
  machen und seit einem Jahr Nachrichten über sein Leben nicht eingegangen sind). So kann z. B. eine Frau, deren Ehemann verschol-
  len ist (§ 49 SGB VI), eine Witwenrente beantragen.

Rentenrechtliche Zeiten

Was versteht man unter rentenrechtlichen Zeiten?

55 Außer den Beitragszahlungen ist die Dauer der Versichertenzugehörigkeit der Zeitfaktor – eine wesentliche Größe für die Bestimmung des Leistungsanspruchs aus der Rentenversicherung.

Die maßgebliche Zeiteinheit im Rentenrecht, in der alle rentenrechtlichen Zeiten erfaßt werden, ist der Kalendermonat.

Rentenrechtliche Zeiten sind alle Kalendermonate im Leben eines rentenversicherten Bürgers, die

– bei der Prüfung, ob ein Rentenanspruch besteht, und
– bei der Ermittlung der Rentenhöhe

eine Rolle spielen.

Nach einem allgemeinen Prinzip von Versicherungen entstehen Leistungsansprüche nicht ab Beginn der Versicherung, sondern erst nach einer bestimmten Mindestzeit der Zugehörigkeit oder Mitgliedschaft – eben einer Wartezeit. Dieses Prinzip wird auch in der Rentenversicherung angewendet. Ein versicherter Bürger muß für einen Rentenanspruch im Laufe seines Lebens die für die jeweilige Rente erforderliche Mindestversicherungszeit (Wartezeit) zurückgelegt haben (vgl. § 34 Abs. 1 SGB VI).

56 Bei der Wartezeitprüfung ist folgendes zu beachten:

– Bei den verschiedenen Renten sind unterschiedlich lange Wartezeiten als Anspruchsvoraussetzungen gefordert. Die zurückgelegte allgemeine Wartezeit von 5 Jahren ist eine Voraussetzung für den Anspruch auf eine Regelaltersrente (ab 65. Lebensjahr), für die Renten wegen verminderter Erwerbsfähigkeit und wegen Todes (vgl.

§ 50 Abs. 1 Satz 1 Nr. 1 bis 3 SGB VI). Das SGB VI kennt außerdem Wartezeiten von 15, 20, 25 und 35 Jahren.

– Wartezeiten können nicht mit allen verschiedenen rentenrechtlichen Zeiten erfüllt werden. Es ist stets zu beachten, auf welche Wartezeit welche rentenrechtlichen Zeiten angerechnet werden können. Auf die allgemeine Wartezeit von 5 Jahren dürfen beispielsweise nur Beitrags- und Ersatzzeiten angerechnet werden.

– Ein Rentenanspruch kann auch mit Hilfe von solchen Wartezeitmonaten begründet werden, die aus einem Versorgungsausgleich herrühren, der nach einer Ehescheidung durchgeführt wurde (§ 52 SGB VI). Bei diesen Versorgungsausgleichszeiten handelt es sich nicht um rentenrechtliche Zeiten im eigentlichen Sinne.

Das SGB VI unterscheidet bei den rentenrechtlichen Zeiten zwischen Beitragszeiten, beitragsfreien Zeiten und Berücksichtigungszeiten.

Beitragszeiten

Die Beitragszeiten (§ 55 SGB VI) kommen als rentenrechtliche Zeiten 57 im Laufe eines Versichertenlebens am häufigsten vor. Sie unterteilen sich in Zeiten, in denen Pflichtbeiträge oder freiwillige Beiträge (vgl. Rz. 2,3) gezahlt worden sind oder auch Zeiten, in denen Pflichtbeiträge als gezahlt gelten.

Pflichtbeitragszeiten sind vor allem die Zeiten, in denen Pflichtversicherte (vgl. Rz. 4 ff.), insbesondere Arbeitnehmer, Beitragszahlungen für die Rentenversicherung nachweisen können.

Zeiten der Zugehörigkeit zur Sozialversicherung in der DDR gelten grundsätzlich als Pflichtbeitragszeiten (§ 248 Abs. 3 SGB VI), sofern Beiträge tatsächlich gezahlt worden sind.

Da in der DDR während

– des Schwangerschafts- und Wochenurlaubs,
– der Freistellung nach dem Wochenurlaub (Babyjahr),
– der Arbeitsunfähigkeit wegen Krankheit und
– der Freistellung zur Pflege erkrankter Kinder

keine Beitragszahlungen geleistet worden sind, gehören diese Zeiten nach SGB VI im Gegensatz zu dem fortgeltenden DDR-Recht (Art. 2,

§ 19 RÜG) nicht zu den Beitragszeiten, sondern ggf. zu den Anrechnungszeiten.

58 Von dem Grundsatz, Zeiten tatsächlicher Beitragszahlung zu DDR-Zeiten als Pflichtbeitragszeiten anzuerkennen, gibt es allerdings gewichtige Ausnahmen, sowohl positiver (keine Beitragszahlung – dennoch Anerkennung) als auch negativer Art (trotz geleisteter Beitragszahlungen – keine Anerkennung):

– Zeiten des Wehrdienstes in der DDR gelten als Pflichtbeitragszeiten, obwohl tatsächlich keine Beitragszahlung erfolgt ist (§ 248 Abs. 1 SGB VI). Sie kommen für die Zeit vom 24. Januar 1962 (Einführung der Wehrpflicht) bis zum 2. Oktober 1990 in Frage. Der Wehrdienst konnte bei der NVA, den Grenztruppen, dem MdI, dem MfS, der Zivilverteidigung und als Bausoldat geleistet werden. Bei der Rentenberechnung wird bei diesen Zeiten pro Monat ein Entgeltpunktwert von 0,06250 (für ein Jahr 0,75) eingesetzt.

Praxishinweis: *Während des **Reservistenwehrdienstes** wurden außer Wehrsold 80 % des Nettolohns gezahlt. Diese Zeiten sind wegen des weiterbestehenden Beschäftigungsverhältnisses Pflichtbeitragszeiten. Bei **Soldaten auf Zeit** und **Berufssoldaten** erfolgte eine Einbeziehung in das Sonderversorgungssystem, die Ansprüche und Anwartschaften richten sich deshalb nach dem AAÜG (vgl. Rz. 138ff.).*

59 – Waren Versicherte bereits vor Erfüllung der allgemeinen Wartezeit **erwerbsunfähig** (vgl. Rz. 39) und waren sie dies ununterbrochen bis zum 31. Dezember 1991 sind auch diese Zeiten ab dem Eintritt der Erwerbsunfähigkeit (frühestens ab 16. Lebensjahr und nach dem 30. Juni 1975) Pflichtbeitragszeiten (§ 248 Abs. 2 SGB).

60 – **Schul-, Fach- oder Hochschulzeiten** ab Vollendung des 16. Lebensjahres waren in der DDR Pflichtversicherungszeiten (§ 2 Abs. 2e Rentenverordnung der DDR). Sie müßten also dem Grundsatz nach im neuen Rentenrecht als Beitragszeiten anerkannt werden. Bei diesen Zeiten erfolgt aber nach einer besonderen gesetzlichen Bestimmung (§ 248 Abs. 3 Satz 2 Nr. 1 SGB VI) eine Gleichstellung mit den entsprechenden Ausbildungszeiten in der Alt-Bundesrepublik:

Sie sind nicht Beitrags-, sondern ggf. Anrechnungszeiten (vgl. Rz. 71 ff.).

– Auch die Beitragszeiten von **weiterbeschäftigten Rentnern** und Versorgungsempfängern sind – vergleichbar mit der Lage von weiterarbeitenden Rentnern nach § 172 SGB VI in den Altbundesländern – keine Beitragszeiten, denn bei ihnen bestand Versicherungsfreiheit.   61

– Keine Beitragszeiten sind außerdem die **Zeiten freiwilliger Beitragszahlungen** auf der Grundlage einer Verordnung vom 28. Januar 1947 in geringer Höhe von 3 bis 12 M (§ 248 Abs. 3 Satz 2 Nr. 3 SGB VI).   62

Allerdings wird aus diesen Beiträgen eine – geringfügige, an den regelmäßigen Rentenanpassungen nicht teilnehmende – Zusatzleistung zur Rente gewährt (§ 269 Abs. 1 SGB VI).

Eine Pflichtbeitragszeit ist auch die **Kindererziehungszeit** (§ 3 Satz 1 Nr. 1, §§ 56, 249, 249 a SGB VI), wenn die Erziehung im Inland erfolgt ist. Beiträge gelten insoweit als gezahlt.   63

Als Kindererziehungszeit werden für Geburten vor dem 1. Januar 1992 die ersten 12 Monate im Leben des Kindes nach dem Geburtsmonat anerkannt, für Geburten ab 1992 sind es die ersten 3 Lebensjahre des Kindes (36 Monate nach dem Geburtsmonat). Überschneiden sich bei mehreren Kindern die entsprechenden Zeiträume, verlängert sich die Kindererziehungszeit um die Monate der Überschneidung.

Beispiele:

Das Kind Jens wurde am 3. März 1988 geboren. Die Kindererziehungszeit ist die Zeit vom 1. April 1988 bis 31. März 1989.
Das Geburtsdatum seines Bruders Otto ist der 4. Mai 1992. Die Kindererziehungszeit ist die Zeit vom 1. Juni 1992 bis 31. Mai 1995. Am 30. Oktober 1993 wurde die Schwester Heidi geboren. Die Kindererziehungszeit für sie läuft bis zum 31. Oktober 1996. Sie überschneidet sich aber um 19 Monate mit der für Otto und erstreckt sich deshalb bis zum 31. Mai 1998.

Elternteile, die vor dem 1. Januar 1927 geboren sind und am 18. Mai 1990 DDR-Bürger waren („ihren gewöhnlichen Aufenthalt im Beitrittsgebiet" hatten), sind von der Anrechnung von Kindererziehungszeiten ausgeschlossen (§ 249 a SGB VI). Ausgeschlossene Mütter können

79

aber eine „Leistung für Kindererziehung" (§§ 294, 294a SGB VI) erhalten, wenn sie am 31. Dezember 1991 keine Alters-oder Invalidenrente nach dem fortgeltenden Recht der DDR bezogen haben. Die Höhe der Leistung beträgt 75 % des jeweiligen aktuellen Rentenwerts. Die Monate der Kindererziehung werden jeweils nur einem Elternteil zugeordnet, und zwar demjenigen, der das Kind tatsächlich erzogen hat. Bei gemeinsamer Erziehung durch die Eltern wird die Kindererziehungszeit der Mutter zugeordnet. Für Erziehungszeiten vor 1992 können die Eltern aber durch eine gemeinsame Erklärung bestimmen, daß die gesamte Erziehungszeit dem Vater zugeordnet wird. Die Erklärung ist bis zum 31. Dezember 1996 abzugeben. Ist ein Elternteil verstorben, kann der überlebende Ehegatte allein bis zum 31. März 1997 die Erklärung abgeben.

Bei gemeinsamer Erziehung ab 1992 können die Eltern durch übereinstimmende Erklärung festlegen, welche Monate der Erziehungszeit welchem Elternteil zuzuordnen sind. Die Erklärung kann vorher nur für die gesamte Erziehungszeit abgegeben werden.

Für die Rentenberechnung werden Kindererziehungszeiten so bewertet, als seien für 75 % eines Durchschnittsverdienstes Beiträge entrichtet worden. Für den Monat der Kindererziehung werden dementsprechend 0,0625 Entgeltpunkte berechnet. Sollte der Erziehende in dieser Zeit ein beitragspflichtiges Einkommen z. B. aus einem Arbeitsverhältnis erzielen und die Berechnung der Entgeltpunkte aus dem Arbeitsverdienst zu einem niedrigeren Wert führen, erfolgt eine Anhebung auf 0,0625 Entgeltpunkte pro Monat. Führt das Arbeitsentgelt zu einem höheren Entgeltpunktwert, wird selbstverständlich dieser Wert der Rentenberechnung zugrunde gelegt. In diesem Fall haben die Regelungen zur Kindererziehung keine Bedeutung für die Rentenleistung, denn eine Hinzurechnung von Entgeltpunkten wegen Kindererziehung erfolgt dann nicht.

Praxishinweis: *Für die Zuordnungserklärung der Eheleute über die Zeiten der Kindererziehung sollte bedacht werden, bei welchem Ehegatten die günstigsten Auswirkungen auf die Wartezeiterfüllung und die Steigerung der Rente zu erwarten sind.*

Pflichtbeitragszeiten sind auch die aufgrund gesetzlicher Verpflichtung 64
geleisteten Zeiten des **Wehr- und Zivildienstes beim Bund** (§ 3 Nr. 2
SGB VI). Für diese Zeit werden beitragspflichtige Einnahmen in Höhe
von 80 % der Bezugsgröße der Berechnung von Entgeltpunkten
zugrunde gelegt (§ 166 SGB VI). Dies bedeutet nicht, daß genau 0,8
Entgeltpunkte pro Jahr erreicht werden, denn die Bezugsgröße ist der
Durchschnittsverdienst der Versicherten in der Rentenversicherung für
das vorausgegangene Jahr. Die Einkommensentwicklung im laufenden
Jahr hat daher Einfluß auf die Entgeltpunkte. Bei einem unterstellten
Einkommenszuwachs von 5 % hat dies dann einen Entgeltpunktwert
von 0,75 zur Folge.

Zu den Beitragszeiten gehören auch seit 1992 die Zeiten des Bezuges 65
von bestimmten **Sozialleistungen** (Lohnersatzleistungen), die an
Arbeitnehmer beim Ausfall des bisherigen Verdienstes gewährt werden (§ 3 Satz 1 Nr. 3 SGB VI). Das sind die Bezieher von folgenden
Leistungen:

– Krankengeld (aus der gesetzlichen Krankenversicherung),
– Verletztengeld und Übergangsgeld (aus der gesetzlichen Unfallversi-
  cherung bei Arbeitsunfähigkeit),
– Versorgungskrankengeld (nach dem Bundesversorgungsgesetz)
– Arbeitslosengeld, Arbeitslosenhilfe, Unterhaltsgeld und Altersüber-
  gangsgeld (aus der Arbeitslosenversicherung).

Die Rentenversicherungspflicht eines Sozialleistungsbeziehers ist an
die Voraussetzung gebunden, daß er im letzten Jahr vor Beginn der
Sozialleistung rentenversichert war. Wird dem Erfordernis der Vor-
pflichtversicherung ausnahmsweise einmal nicht genügt, kann der
Betroffene gleichwohl auf Antrag rentenversicherungspflichtig werden (§ 4 Abs. 3 SGB VI).

Praxishinweis: *Für die neuen Bundesländer gilt außerdem die
Sonderregelung, daß rentenversicherungspflichtig bleibt, wer zum
Stichtag 31. Dezember 1991 als Sozialleistungsbezieher der Versicherungspflicht unterlag (§ 229a Abs. 1 S. 1 SGB VI); dies betrifft
z. B. Bezieher von Altersübergangsgeld.*

Beitragsfreie Zeiten

66 Beitragsfreie Zeiten sind nach dem Gesetz Kalendermonate, die mit Anrechnungszeiten, mit einer Zurechnungszeit oder mit Ersatzzeiten belegt sind, wenn für sie nicht auch Beiträge gezahlt worden sind.

Beitragspflichtig sind die Lohnersatzleistungen wie Krankengeld, Verletztengeld, Arbeitslosengeld usw.(§ 3 Nr. 3 SGB VI – vgl. Rz. 65). Während einer Übergangsphase (1984 bis Ende 1997) kann ein Versicherter beim Bezug einer solchen Leistung sowohl Anrechnungszeiten als auch Beitragszeiten zurücklegen (§ 252 SGB VI). Ab 1998 sind ausschließlich Beitragszeiten anzurechnen (§ 58 Abs. 1 S. 3 SGB VI).

Der Wert der Anrechnungszeiten für die Rente wird durch die Gesamtleistungsbewertung ermittelt (vgl. Rz. 96 ff.)

Anrechnungszeiten

67 Die Anrechnungszeiten sind dadurch charakterisiert, daß der versicherte Bürger aus bestimmten Gründen daran gehindert war, Beiträge zur Rentenversicherung zu entrichten. Anders als bei den Ersatzzeiten liegen diese Gründe nicht im Verantwortungsbereich des Staates, sondern sind wirtschaftlicher, persönlicher oder gesundheitlicher Art.

Nach dem Gesetz zählen folgende Zeiträume als Anrechnungszeiten (§§ 58, 252, 252a SGB VI):

– Zeiten der Arbeitsunfähigkeit infolge **Krankheit** und Zeiten der **Rehabilitation,**
– Zeiten der **Schwangerschaft und Mutterschaft,**
– Zeiten der **Arbeitslosigkeit,**
– Zeiten des **Schulbesuchs** und
– Zeiten eines **früheren Rentenbezuges.**

Bei diesen Zeiten, außer Schulbesuch und früherem Rentenbezug, liegt aber nur dann eine Anrechnungszeit vor, wenn eine versicherte Berufstätigkeit oder ein Wehr- oder Zivildienst unterbrochen wurden.

68 Soweit die Zeit der **Arbeitsunfähigkeit** oder der **Rehabilitationsleistung** vor dem 1. Januar 1984 liegt, wird sie nur berücksichtigt, wenn sie mindestens einen vollen Kalendermonat angedauert hat (§ 252

Abs. 7 Nr. 1 SGB VI). Fällt die Zeit einer Arbeitsunfähigkeit mit Krankengeldbezug zusammen, ist sie nicht nur eine Anrechnungszeit, sondern (für die Zeit bis 1997) auch eine Beitragszeit (§ 252 Abs. 2 SGB VI). Diese „Doppelkonstruktion" hat zur Folge, daß die betreffende Zeit für die Prüfung des Rentenanspruchs (Wartezeitprüfung) als Beitragszeit zählt und daß für die Rentenberechnung ein Günstigkeitsvergleich stattfindet: Anrechnung als Beitragszeit oder als Anrechnungszeit – je nachdem, was für den versicherten Bürger günstiger ist.

Der Umfang der Anrechnungszeit bei **Schwangerschaft** und **Mutter-** 69
schaft richtet sich nach den Schutzfristen des Mutterschutzes (6 Wochen vor der mutmaßlichen Entbindung; 8 Wochen nach der Entbindung, §§ 3 ff. MuSchG).

Die nach dem 8. Mai 1945 in der SBZ und dann in der DDR geltenden Schutzfristen bei Schwangerschaft und Mutterschaft sind jeweils als Anrechnungszeit anzuerkennen, wenn in dieser Zeit keine versicherte Beschäftigung oder selbständige Tätigkeit ausgeübt wurde (§ 252a Abs. 1 Nr. 1 SGB VI). Von 1945 bis 1990 galten 7 verschiedene Schutzfristen, z. B. von 1946 bis 1950 waren dies 4 Wochen vor der Geburt und 6 Wochen danach. Bei Geburten zwischen dem 27. Mai 1976 und 1. Januar 1991 belief sich der Zeitraum auf 6 Wochen vor der Geburt und 20 Wochen danach.

Auch Zeiten der **Arbeitslosigkeit** sind zumeist Anrechnungszeiten. Es 70
gelten im einzelnen folgende Regelungen:

Anrechnungszeiten sind in den jungen Bundesländern zunächst die Zeiten einer Arbeitslosigkeit, die zwischen dem 9. Mai 1945 und dem 28. Februar 1990 liegen (§ 252a Abs. 1 Nr. 3 SGB VI). Erfaßt werden damit auch Zeiten der Arbeitslosigkeit, für die es in der DDR keine Unterstützungsleistungen gab. Arbeitslos war eine Person dann, wenn sie sich tatsächlich nicht in einem Beschäftigungsverhältnis befunden hat, auch keine Tätigkeit als mithelfender Familienangehöriger oder Selbständiger ausgeübt hat sowie bereit und in der Lage war, wöchentlich eine mindestens 18stündige zumutbare Beschäftigung auszuüben.

Diese Regelung ermöglicht es insbesondere den Personen, die einen Ausreiseantrag aus der DDR gestellt, deswegen ihre Arbeit verloren und trotz ständiger Bemühungen keinen neuen Arbeitsplatz gefunden hatten, diese Zeiten als Anrechnungszeit rentenrechtlich anerkannt zu bekommen. Anrechnungszeiten sind in den jungen Bundesländern auch Zeiten einer Arbeitslosigkeit, die zwischen dem 1. März 1990 und dem 31. Dezember 1991 liegt, falls in diesem Zeitraum staatliche bzw. betriebliche Unterstützungsleistungen gewährt wurden (§ 252a Abs. 1 Nr. 2 SGB VI). Zu diesen Leistungen zählen das Arbeitslosengeld, die Arbeitslosenhilfe, das Unterhaltsgeld, das Vorruhestandsgeld, das Altersübergangsgeld und die Unterstützung während der Zeit der Arbeitsvermittlung.

Voraussetzung für die Anerkennung als Anrechnungszeit ist auch hier, daß eine rentenversicherungspflichtige Beschäftigung unterbrochen wurde (§ 252a Abs. 1 Satz 2 i. V. m. § 58 Abs. 2 SGB VI).

In den jungen Bundesländern führen die soeben erwähnten Leistungen des Arbeitsamtes auch in der Zeit vom 1. Januar 1992 bis zum 31. Dezember 1997 zu einer Anrechnungszeit (dies folgt aus der gleichermaßen für das westliche und östliche Deutschland geltenden Regelung des § 252 Abs. 2 SGB VI). Hierbei wird eine Unterbrechung einer versicherungspflichtigen Beschäftigung nicht gefordert, sondern es genügt der tatsächliche Leistungsbezug. Soweit während des Bezugs dieser Leistungen (frühestens seit dem 1. März 1990) Versicherungspflicht in der Sozialversicherung bzw. Rentenversicherung bestand, sind gleichzeitig Beitragszeiten zurückgelegt worden (dies folgt aus § 3 Satz 1 Nr. 3 und § 229a Abs. 1 Satz 1 SGB VI). Diese doppelte Konstruktion führt bei der Rentenberechnung einen Günstigkeitsvergleich herbei (vgl. Rz. 68).

Praxishinweis: *Noch einmal sei auf den wichtigen Umstand hingewiesen, daß Arbeitslosigkeit unter bestimmten Voraussetzungen auch dann als Anrechnungszeit (nicht aber gleichzeitig als Beitragszeit) anzuerkennen ist, wenn keine Unterstützungsleistungen vom Arbeitsamt bezogen werden. Es handelt sich um die Situation, daß Arbeitslosenhilfe nur deshalb nicht gezahlt wird, weil bei dieser Leistungsart das Einkommen z. B. des Ehegatten angerechnet (vgl. Rz. 7).*

71 Auch Zeiten des Schulbesuchs können Anrechnungszeiten sein (§ 58 Abs. 1 Nr. 4 SGB VI).

Anrechnungszeit ist zunächst der Schulbesuch in allgemeinbildenden Schulen (z. B. Gymnasien), sofern er nach Vollendung des 16. Lebensjahres liegt (§ 58 Abs. 1 Nr. 4 Buchst. a) SGB VI).

Anrechnungszeit ist auch der Besuch einer Fachschule, sofern er nach Vollendung des 16. Lebensjahres liegt und sofern die Fachschulausbildung erfolgreich abgeschlossen wurde (§ 58 Abs. 1 Nr. 4 Buchst. b) SGB VI). Unter einer „Fachschule" ist eine schulische Bildungsstätte mit überwiegend berufsbildendem Charakter (z. B. eine Handelsschule) zu verstehen, sofern die Ausbildung mindestens mit Ganztagsunterricht für ein halbes Jahr erfolgt. Wird die Halbjahresgrenze nicht erreicht, so genügt es auch, wenn die Ausbildung mindestens 600 Unterrichtsstunden umfaßt.

Anrechnungszeit ist schließlich auch die Zeit des Besuchs einer Hochschule (z. B. einer Universität oder Fachhochschule), sofern sie erfolgreich abgeschlossen wurde (§ 58 Abs. 1 Nr. 4 Buchst. b) SGB VI). Eine Hochschule ist eine Lehrstätte, die von der zuständigen staatlichen Behörde als Einrichtung für die Hochschulausbildung anerkannt wurde.

Die Hochschulausbildung wird durch vorlesungsfreie Zeiten (Semesterferien) nicht unterbrochen. Wie bei der Schul- und Fachschulausbildung gilt jedoch, daß von der Ausbildung Zeit und Arbeitskraft des Studierenden überwiegend beansprucht werden müssen (also nicht durch eine Nebenbeschäftigung von mehr als 20 Wochenstunden), um als Anrechnungszeit anerkannt zu werden. Als Anrechnungszeit werden auch Ausbildungsgänge anerkannt, die im Ausland zurückgelegt wurden.

Wie erwähnt, kann eine Fach- oder Hochschulausbildung nur dann als Anrechnungszeit berücksichtigt werden, wenn die Ausbildung erfolgreich abgeschlossen wurde. Hat aber ein versicherter Bürger als Verfolgter des Nationalsozialismus die Fach- oder Hochschulausbildung aus Verfolgungsgründen nicht abschließen können, so gilt die Ausbildung gleichwohl als abgeschlossen (§ 13 Abs. 1 WGSVG). Es ist vorgesehen, zum 1. Juli 1994 eine ähnliche Regelung auch für Personen einzuführen, die in der DDR verfolgt wurden (Art. 2 § 11 Abs. 1 des Entwurfs eines Zweiten SED-Unrechtsbereinigungsgesetzes, Bundesrats-Drucksache 92/93).

Praxishinweis: *Für Ausbildungszeiten, die nicht als Anrechnungszeiten berücksichtigt werden, weil z. B. der Abschluß der Fachschul- oder Hochschulausbildung fehlt oder weil die Höchstdauer (vgl Rz. 169) überschritten wurde, können freiwillige Beiträge nachgezahlt werden, damit auch diese Zeiten als rentenrechtliche Zeiten zu Buche schlagen (§ 207 SGB VI).*

Grundsätzlich gilt, daß eine Schul-, Fach- oder Hochschulausbildung höchstens für 7 Jahre als Anrechnungszeit anerkannt wird (§ 58 Abs. 1 Nr. 4 letzter Teilsatz SGB VI). Diese Regelung des neuen Rentenrechts wird aber zur Zeit noch weitgehend von einer günstigeren, an das frühere westdeutsche Rentenrecht anknüpfenden Besitzstandsregelung verdrängt, wonach

– eine Schul- oder Fachschulausbildung bis zu jeweils 4 Jahren und

– eine Hochschulausbildung bis zu 5 Jahren

berücksichtigt werden kann. Dadurch können insgesamt 13 Jahre an Anrechnungszeiten wegen einer Schulausbildung zusammenkommen (§ 252 Abs. 4 SGB VI).

Praxishinweis: *Im einzelnen gilt: Führt die Begrenzungsregelung des alten Rechts zu mehr Monaten an Anrechnungszeit als die neue 7-Jahre-Regelung, ist die übersteigende Monatszahl bei einem Rentenbeginn im Jahre 1992 voll zu gewähren, bei einem Rentenbeginn im Jahre 1993 dagegen nur zu 11/12 und im Jahre 1994 zu 10/12. Die stufenweise Herabsetzung schreitet dann Jahr für Jahr fort, so daß bei einem Rentenbeginn im Jahre 2004 schließlich die neue 7-Jahre-Regelung uneingeschränkt zur Geltung kommt.*
Für Verfolgte des Nationalsozialismus gibt es eine besondere Vergünstigung, denn es werden die Anrechnungszeiten bis zum doppelten Umfang der Höchstdauer anerkannt, die an sich gilt (§ 13 Abs. 2 WGSVG). Es ist vorgesehen, zum 1. Juli 1994 eine ähnliche Regelung auch für Personen zu schaffen, die in der DDR verfolgt wurden (Art. 2 § 11 Abs. 2 des Entwurfs eines Zweiten SED-Unrechtsbereinigungsgesetzes, Bundesrats-Drucksache 92/93).

Anrechnungszeiten sind schließlich auch die **Zeiten eines früheren** 72
Rentenbezuges (§ 58 Abs. 1 Nr. 5 SGB VI), soweit sie als Zurechnungszeit (vgl. Rz. 74) in der Rente berücksichtigt waren, oder die vor
dem Beginn dieser Rente liegende Zurechnungszeit. Dies bedeutet im
wesentlichen, daß die Zeiten des vorübergehenden Bezuges einer eigenen Rente bei der Berechnung der späteren Altersrente als Anrechnungszeit berücksichtigt werden. Eine eigene vorherige Rente kann
seit 1992 eine Berufs- oder Erwerbsunfähigkeitsrente und eine Erziehungsrente, nicht aber einer Alters-oder sonstige Hinterbliebenenrente
sein.

Für die Zeit vor dem 31. Dezember 1991 kann als Anrechnungszeit der
Bezug einer Invalidenrente, Bergmannsinvalidenrente, Versorgung
wegen voller oder teilweiser Berufsunfähigkeit aus einem Zusatz- oder
Sonderversorgungssystem, einer Unfall- oder Kriegsbeschädigtenrente
vor dem 55. Lebensjahr berücksichtigt werden (§ 252a Abs. 1 Nr. 4
SGB VI)

Eine weitere Form der Anrechnungszeit ist die **pauschale Anrech-** 73
nungszeit (§ 253 SGB VI) für Zeiten vor dem 1. Januar 1957, wenn
Nachweise über Anrechnungszeiten nicht vorgelegt werden können,
weil sie z. B. während des Krieges vernichtet oder verlorengegangen
sind. Diese Anrechnungszeit knüpft nicht an bestimmte Umstände im
Leben des versicherten Bürgers an, sondern wird aus einer Berechnungsformel abgeleitet. Die Formel führt zu einer bestimmten Anzahl
an Kalendermonaten, die als pauschale Anrechnungszeit gewährt werden.

Zurechnungszeit

Die Zurechnungszeit (§ 59 SGB VI) nimmt insofern eine Sonderstel- 74
lung innerhalb der rentenrechtlichen Zeiten ein, als es nicht um eine
echte Zeit aus dem Versicherungsleben eines Bürgers handelt, sondern
um eine fiktive Zeit, die eine Art Rentenzuschlag bewirken soll:
Kommt es verhältnismäßig früh zum Rentenfall (nämlich vor der Vollendung des 60. Lebensjahres, und zwar wegen Berufsunfähigkeit,
Erwerbsunfähigkeit oder Todes), so wird eine bestimmte Zeitspanne
fiktiv als Zurechnungszeit angerechnet, um die Zahlung von Kleinst-
renten zu verhindern, die keine ausreichende Sicherheit bieten wür-

den. Die Zurechnungszeit beginnt mit dem Zeitpunkt des Eintritts der Berufs- bzw. Erwerbsunfähigkeit oder des Todes (im Todesfall kommt die Zurechnungszeit den Hinterbliebenen für die Berechnung ihrer Rente zugute). Das Ende der Zurechnungszeit ist derjenige Zeitpunkt, der sich ergibt, wenn

- die Zeit bis zur (fiktiven) Vollendung des 55. Lebensjahres in vollem Umfang und
- die darauf folgende, bis zum (fiktiven) 60. Lebensjahr reichende Zeit zu einem Drittel angerechnet wird.

Beispiel:

Tritt bei einem versicherten Bürger Erwerbsunfähigkeit mit der Vollendung des 35. Lebensjahres ein, werden für seine Erwerbsunfähigkeitsrente folgende (fiktive) Zeiträume als Zurechnungszeit angerechnet: Die Zeit bis zum 55. Lebensjahr in vollem Umfang (20 Jahre = 240 Kalendermonate) und die weitere, bis zum 60. Lebensjahr reichende Zeit zu einem Drittel (also zu einem Drittel von 5 Jahren, das sind 20 Monate). Insgesamt ist somit eine Zurechnungszeit von 260 Kalendermonaten zu gewähren, wodurch eine erhebliche Rentensteigerung erreicht wird.

Ersatzzeiten

75 Ersatzzeiten (§§ 250, 251 SGB VI) sind eingerichtet worden, um den Bürger dafür zu entschädigen, daß er durch staatliche Maßnahmen daran gehindert wurde, eine rentenversicherungspflichtige Beschäftigung auszuüben.

Praxishinweis: *Mit den Beitragszeiten haben die Ersatzzeiten gemeinsam, daß nicht nur die Rente gesteigert wird, sondern auch sämtliche Arten von Wartezeiten für die Begründung eines Rentenanspruchs erfüllt werden können.*

Ersatzzeiten sind ausschließlich Zeiten, in der Rentenversicherungspflicht nicht bestand und die

- vor dem 1. Januar 1992 sowie
- nach Vollendung des 14. Lebensjahres

liegen. Hierzu gehören die folgenden Zeiten (§ 250 Abs. 1 SGB VI):

- militärischer oder militärähnlicher Dienst, der aufgrund gesetzlicher Dienst- oder Wehrpflicht vor oder während des Krieges geleistet wurde, sowie Zeiten der Kriegsgefangenschaft und des Minenräumdienstes nach dem 8. Mai1945,
- Internierung, Verschleppung,
- anschließende Arbeitsunfähigkeit oder unverschuldete Arbeitslosigkeit,
- zwangsweiser Aufenthalt im Ausland oder den früheren deutschen Ostgebieten; Vertreibung und Flucht (aus der DDR möglich bis 30. Juni 1990),
- Zeiten des Freiheitsentzugs oder der Freiheitsbeschränkung als NS-Verfolgte,
- Zeiten einer politisch begründeten Inhaftierung in der DDR oder sonstiger Freiheitsentzug, soweit eine Rehabilitierungs- oder Kassationsentscheidung vorliegt.

Praxishinweis: *Wer zu DDR-Zeiten aus politischen Gründen inhaftiert war und bereits zum Stichtag 31. Dezember 1991 eine Rente bezog, kann auch dann keine Neuberechnung der Rente und eine damit verbundene Anerkannung der Haftzeit als Ersatzzeit verlangen, wenn er durch Gerichtsurteil rehabilitiert wurde. Einen Anspruch auf Neuberechnung haben bislang lediglich die Bezieher von überführten Zusatz- und Sonderversorgungen (vgl. Rz. 140).*
Der Entwurf eines Zweiten SED-Unrechtsbereinigungsgesetzes, das zum 1. Juli 1994 in Kraft treten soll, sieht aber einen Neuberechnungsanspruch unter bestimmten Voraussetzungen vor (Art. 2 § 15 Abs. 2).

Für selbständige Handwerker, die der Rentenversicherungspflicht unterliegen, gibt es im Ersatzzeitenrecht einige Sonderregelungen (§ 251 SGB VI). Unter anderem wird bei diesem Personenkreis die Anerkennung von Ersatzzeiten auch dann zugelassen, wenn zwar eine Rentenversicherungspflicht bestand, aber die Pflicht zur Beitragsentrichtung ausgesetzt war.

Berücksichtigungszeiten

76 Die beiden Berücksichtigungszeiten (§ 57 SGB VI) wegen Kindererziehung oder wegen Pflege nehmen ebenfalls eine besondere Stellung ein. Die Sonderstellung dieser Zeiten zeigt sich vor allem darin, daß sie nicht unmittelbar zu einer Rentensteigerung führen, sondern aus familienpolitischen Gründen bestimmte rentenrechtliche Nachteile ausgleichen sollen, die ohne Berücksichtigungszeit eintreten würden.

Von Berücksichtigungszeiten können folgende Wirkungen ausgehen:

- Die Anwartschaft auf eine Rente wegen verminderter Erwerbsfähigkeit wird aufrechterhalten. Die Rahmenfrist von 5 Jahren, innerhalb der 3 Jahre Pflichtbeitragszeiten liegen müssen (vgl. Rz. 31,40) wird um die Berücksichtigungszeit erweitert.

- Die Berücksichtigungszeit wird auf die lange Wartezeit von 35 Jahren bei den Altersrenten für langjährig Versicherte (vgl. Rz. 23) und den Altersrenten für Schwerbehinderte, Berufs- oder Erwerbsunfähige (vgl. Rz. 24) angerechnet.

- Bei der Gesamtleistungsbewertung (vgl. Rz. 96 ff.) von beitragsfreien Zeiten (Anrechnungs-, Zurechnungs- und Ersatzzeiten) werden Berücksichtigungszeiten so eingesetzt, als wären Beitragszahlungen in Höhe von 75 % des Durchschnittsentgelts erbracht worden (§ 71 Abs. 3 SGB VI)

- Auch mit Berücksichtigungszeiten können die geforderten 35 Jahre an rentenrechtlichen Zeiten erfüllt werden, die für eine „Rente nach Mindesteinkommen" (einer Rente, die in gewissem Sinn mit den Mindestrenten nach DDR-Recht vergleichbar ist) gefordert werden (§ 262 SGB VI).

Es bestehen zwei Unterformen von Berücksichtigungszeiten, nämlich

- Berücksichtigungszeiten wegen Kindererziehung und

- Berücksichtigungszeiten wegen Pflege.

77 Die **Berücksichtigungszeiten wegen Kindererziehung** (§ 57 Abs. 1 SGB VI) werden für Zeiten der Erziehung eines Kindes bis zur Vollendung des 10. Lebensjahres gewährt. Hierbei ist zu beachten, daß Zwillingsgeburten und kurz aufeinander folgende Geburten nicht doppelt zählen, sondern lediglich eine „Überlappung" stattfinden kann.

Die Berücksichtigungszeiten wegen Kindererziehung sind nicht zu verwechseln mit den Beitragszeiten wegen Kindererziehung (vgl. Rz. 11). Zwar bestehen zwischen beiden Arten von rentenrechtlichen Zeiten einige wichtige Gemeinsamkeiten (in beiden Fällen wird grundsätzlich nur eine Kindererziehung im Inland honoriert, und es gilt derselbe Kindesbegriff). Wichtige Unterschiede gibt es aber vor allem hinsichtlich der Dauer der zu honorierenden Zeiten.

Der Umstand, daß eine Berücksichtigungszeit wegen Kindererziehung stets mit einer Beitragszeit wegen Kindererziehung zusammentrifft (Zusammentreffen für 3 Jahre bei Geburten ab 1992), ist vom Gesetz gewollt und hängt mit Besonderheiten der Rentenberechnung zusammen.

Die **Berücksichtigungszeit wegen Pflege** (§ 57 Abs. 2 SGB VI) wird 78 auf Antrag für Pflegepersonen anerkannt, die einen Pflegebedürftigen häuslich betreuen, z. B. für Frauen, die als Pflegepersonen ein Familienmitglied zu Hause pflegen.

Anders als die Berücksichtigungszeit wegen Kindererziehung ist die Berücksichtigungszeit wegen Pflege ohne zeitliche Begrenzung anzurechnen. Es sind aber bestimmte Einschränkungen zu beachten:

– Eine anrechenbare Pflegetätigkeit ist nur gegeben, wenn sie nicht zu Zwecken des Gelderwerbs und außerdem für nicht weniger als 10 Wochenstunden ausgeübt wird.
– Es werden nur Zeiträume ab dem 1. Januar 1992 als Berücksichtigungszeiten wegen Pflege anerkannt.
– Die Anrechnung einer Berücksichtigungszeit wegen Pflege erfolgt nur auf Antrag. Die Anrechnung setzt nur dann mit dem Beginn der Pflegetätigkeit ein, wenn der Antrag binnen 3 Monaten nach Aufnahme der Pflege gestellt wird; geschieht dies nicht, wird die Berücksichtigungszeit ab dem Antragsmonat gewährt.

Praxishinweis: *Die Pflegeperson kann in der gesetzlichen Renten-versicherung nicht nur Berücksichtigungszeiten erhalten, sondern auch noch von zwei weiteren Vergünstigungen Gebrauch machen: Sie kann (bei Ausübung einer Teilzeitarbeit neben der häuslichen Pflegetätigkeit) bereits vorhandene, aus der Beschäftigung stammende Pflichtbeiträge „aufstocken". Die Pflegeperson kann außerdem (bei Entrichtung von freiwilligen Rentenversicherungs-beiträgen neben einer Pflegetätigkeit) beantragen, daß diese frei-willigen Beiträge in Pflichtbeiträge „umgewandelt" werden (§ 177 Abs. 1 und 2 SGB VI).Über den Umfang der Pflegebedürf-tigkeit haben die Pflegepersonen eine Bescheinigung des Medizin-schen Dienstes der Krankenversicherung und über den Umfang ihrer Pflegetätigkeit eine Bescheinigung einer von der Landesre-gierung bestimmten Stelle vorzuweisen (§ 177 Abs. 4 SGB VI).*

Wie berechnet sich die Rente?
Die Rentenformel

Die Höhe der Rente ist entsprechend dem Grundsatz der Lohn- und Beitragsbezogenheit vor allem von der Höhe des Bruttolohnes, dem Arbeitsentgelt abhängig, das im Verlaufe des gesamten Versicherungslebens jeweils bis zur Beitragsbemessungsgrenze erzielt wurde (§ 63 Abs. 1 SGB VI). Die Formel für die Berechnung der Rente (§§ 63 Abs. 6, 64 SGB VI) bringt diesen Grundsatz der Lohn- und Beitragsbezogenheit zum Ausdruck. Die Rentenformel besteht aus drei Faktoren, die miteinander multipliziert, den Monatsbetrag der Rente ergeben: den Entgeltpunkten (EP), dem Rentenartfaktor (RAF) und dem aktuellen Rentenwert (aR).

Es gilt also die Formel: **EP** × **RAF** × **aR** = **Monatsrente**

Nicht immer allerdings ergibt sich die tatsächliche Höhe der Monatsrente bereits aus der Berechnung gemäß der Rentenformel. Zu beachten ist noch folgendes:

– Das Ergebnis der Berechnung nach der Rentenformel ist zunächst die Bruttorente. Hiervon ist der Eigenanteil des Rentners zu seiner Krankenversicherung abzuziehen. Der verbleibende Betrag ist die Nettorente (vgl. Rz. 152)

– Das Rentenversicherungsrecht kennt einige Zusatzleistungen (vgl. Rz. 108). Diese Leistungen kommen zu dem Monatsbetrag hinzu, der sich aus der Rentenformel ergibt.

– Nur in den jungen Bundesländern werden ggf. weitere, außerhalb der Rentenformel stehende Leistungen gewährt wie der Auffüllbetrag, der Rentenzuschlag und der Sozialzuschlag (vgl. Rz. 111, 117).

Selbstverständlich hängt die Rentenhöhe nicht nur wesentlich von der Höhe des im Leben erzielten Arbeitsentgelts ab, sondern auch davon, wieviele Beitragsjahre zurückgelegt wurden. Ein hohes Arbeitsentgelt ergibt in Verbindung mit einer hohen Anzahl an Beitragsjahren eine hohe Zahl an Entgeltpunkten und damit eine hohe Rente.

Wichtigster Bestandteil der Rentenformel sind somit die **Entgeltpunkte,** weil in ihrer Summe die Lebensarbeitsleistung des rentenversicherten Bürgers zum Ausdruck kommt.

Entgeltpunkte werden nicht nur für Beitragszeiten berechnet, sondern auch für beitragsfreie Zeiten (Ersatzzeiten, Anrechnungszeiten und die Zurechnungszeit), nicht aber für Berücksichtigungszeiten. Die Summe der Entgeltpunkte für die Jahre und Monate, in denen diese rentenrechtlichen Zeiten zurückgelegt worden sind, sind der Wert, der in die Rentenformel eingesetzt wird. Ein Versicherter, der 45 Arbeitsjahre aufzuweisen hat und in jedem einzelnen Arbeitsjahr genau den Durchschnittsverdienst aller Versicherten erreicht hat, kommt auf 45 Entgeltpunkte.

Entgeltpunkte (EP) für Beitragszeiten

80 Die Entgeltpunkte werden berechnet, indem für jedes einzelne Kalenderjahr ein Entgeltvergleich vorgenommen wird: Das individuell in einem bestimmten Kalenderjahr (oder Monat) erzielte (und versicherte, d. h. der Beitragsberechnung zugrunde liegende) Arbeitsentgelt wird durch das Durchschnittsentgelt aller rentenversicherten Arbeitnehmer für dieses Jahr (oder den Monat) geteilt.

Entspricht die individuelle Jahresverdienstsumme genau dem Durchschnittsentgelt aller Arbeitnehmer ergibt sich der Wert 1 als Entgeltpunkt (§ 63 Abs. 2 SGB VI). Ist die Jahresverdienstsumme nur halb so hoch wie das Durchschnittsentgelt aller Versicherten ergibt die Berechnung 0,5000 Entgeltpunkte. Die Entgeltpunkte werden auf 4 Stellen hinter dem Komma ausgerechnet (§ 121 Abs. 1 und 2 SGB VI), wobei die letzte Stelle in der üblichen Weise gerundet wird (ist die 5. Stelle eine Ziffer von 5 bis 9, wird die 4. Stelle um 1 erhöht).

Beispiel:

Im Ausweis für Arbeit und Sozialversicherung von Heinz P., Anklam, sind für das Jahr 1969 in der Spalte „Beitragspflichtiger Gesamtarbeitsverdienst" 6 244 M eingetragen. Das Durchschnittsentgelt aller Versicherten in der DDR betrug für das Jahr 1969 6 835 M (Werte der Anlage 5 AAÜG, vgl. Rz. 143). Die Berechnung ergäbe 0,9135 Entgeltpunkte für das Jahr 1969 (6 244 : 6 835 = 0,913 5).

Zu dieser Entgeltpunktberechnung gelangt man nach den Vorschriften des SGB VI allerdings nicht in der direkten Gegenüberstellung von Jahresverdienstsummen (DDR bzw. Ost) und den Durchschnittsverdienstsummen der Versichertengruppe DDR bzw. Ost, sondern über einen „Umweg", der westdeutsche Entgeltwerte heranzieht (§ 256a SGB VI i. V. m. der Tabelle in der Anlage 10 zum SGB VI). Um eine Vergleichbarkeit zwischen Verdienstsummen in der DDR bzw. in Ostdeutschland mit den westdeutschen Entgeltwerten überhaupt herstellen zu können, sind die Verdienstsummmen im Osten auf DM-Beträge bzw. auf Westniveau hochzurechnen. Dafür werden Umrechnungsfaktoren benutzt.

Beispiel:

Anton K., Gera, hat 1984 10 423 M verdient (7 200 M sind pflichtversichert, 3 223,00 M sind FZR-versichert). Der Umrechnungsfaktor für 1984 beträgt 3,2885. Der Rentenberechnung von Herrn K. wird für 1984 ein DM-Betrag von 34 276,04 DM zugrunde gelegt.

Die Umrechnungsfaktoren sind natürlich keine willkürliche Rechengröße, sondern sind dadurch ermittelt worden, daß die (statistisch ausgewiesenen) Durchschnittsverdienstsummen in Ost- und Westdeutschland gegenübergestellt wurden.

Beispiel:

Für 1984 ist eine Durchnittsverdienstsumme für die DDR von 10 428 M ausgewiesen. Gegenüber steht in der Bundesrepublik eine Durchschnittsverdienstsumme von 34 292 DM. Daraus errechnet sich der Umrechnungsfaktor 3,2885 für dieses Jahr (3 4292 : 10 428 = 3,2885).

Für die Berechnung von Entgeltpunkten sind deshalb in einem ersten Schritt die versicherten Arbeitsentgelte aus der DDR bzw. aus Ostdeutschland auf DM-Beträge, bzw. auf Westniveau mit den folgenden Umrechnungsfaktoren hochzurechnen:

Werte zur Umrechnung (Anlage 10 SGB VI):

1945	1,0000	1971	2,0490
1946	1,0000	1972	2,1705
1947	1,0000	1973	2,3637
1948	1,0000	1974	2,5451
1949	1,0000	1975	2,6272
1950	0,9931	1976	2,7344
1951	1,0502	1977	2,8343
1952	1,0617	1978	2,8923
1953	1,0458	1979	2,9734
1954	1,0185	1980	3,1208
1955	1,0656	1981	3,1634
1956	1,1029	1982	3,2147
1957	1,1081	1983	3,2627
1958	1,0992	1984	3,2885
1959	1,0838	1985	3,3129
1960	1,1451	1986	3,2968
1961	1,2374	1987	3,2548
1962	1,3156	1988	3,2381
1963	1,3667	1989	3,2330
1964	1,4568	1. Halbjahr 1990	3,0707
1965	1,5462	2. Halbjahr 1990	2,3473
1966	1,6018	1991	1,7235
1967	1,5927	1992	1,4393
1968	1,6405	1993	1,3739 – vorläufiger Wert
1969	1,7321	1994	1,2913 – vorläufiger Wert.
1970	1,8875		

Nachdem die Verdienstsummen auf diese Weise hochgerechnet wurden, sind sie im zweiten Schritt durch das Durchschnittsentgelt der Versicherten (West) zu teilen.

Die Tabelle in Anlage 1 SGB VI enthält für die Jahre 1891 bis 1994 die entsprechenden Werte. Sie sind im Auszug ab 1945 in RM/DM hier wiedergegeben:

1945	1 778	1970	13 343
1946	1 788	1971	14 931
1947	1 833	1972	16 353
1948	2 219	1973	18 295
1949	2 838	1974	20 381
1950	3 161	1975	21 808
1951	3 579	1976	23 335
1952	3 852	1977	24 945
1953	4 061	1978	26 242
1954	4 234	1979	27 685
1955	4 548	1980	29 485
1956	4 844	1981	30 900
1957	5 043	1982	32 198
1958	5 330	1983	33 293
1959	5 602	1984	34 292
1960	6 101	1985	35 286
1961	6 723	1986	36 627
1962	7 328	1987	37 726
1963	7 775	1988	38 896
1964	8 467	1989	40 063
1965	9 229	1990	41 946
1966	9 893	1991	44 421
1967	10 129	1992	46 820
1968	10 842	1993	49 663 – vorläufiger Wert
1969	11 839	1994	51 877 – vorläufiger Wert.

Beispiel:

Exakt sind somit die Entgeltpunkte für Heinz P., Anklam (siehe obiges Beispiel) , für das Jahr 1969 folgendermaßen zu berechnen:
Die Entgeltsumme für 1969 beträgt 6 244 M. Hochgerechnet ergibt dies einen Betrag von 10 815,23 DM (6 244 × 1,7321 [Umrechnungsfaktor für 1969]). Diese Summe ergibt geteilt durch die Durchschnittsverdienstsumme aller Versicherten für 1969 0,9135 Entgeltpunkte (10 815,23 : 11 839 = 0,9135).

Auf diese Rechenweise gelangt man schließlich zu demselben Ergebnis, als wenn man von vornherein (wie im Beispiel weiter oben vorgeführt) das tatsächliche ostdeutsche Entgelt mit dem ostdeutschen

Durchschnittsentgelt verglichen hätte. Der „Umweg" wurde unter anderem deshalb gewählt, um auf weitere (westdeutsche) Werte in der Rentenberechnung Bezug nehmen zu können.

Auch für ostdeutsche Entgelte gilt die jährliche Beitragsbemessungsgrenze (§ 260 Satz 2 SGB VI). Die hochgerechneten Entgeltsummen sind demzufolge bei der Rentenberechnung in den einzelnen Jahren bis zu folgenden Höchstbeträgen (RM/DM) einzusetzen (Anlage 2 SGB VI – Auszug):

	Arbeiter		Angestellte
1. 7. 1942–31. 5. 1949	3 600		7 200
1. 6. 1946–31. 8. 1952		7 200	
1. 9. 1952–31. 12. 1958		9 000	
1959		9 600	
1960		10 200	
1961		10 800	
1962		11 400	
1963		12 000	
1964		13 200	
1965		14 400	
1966		15 600	
1967		16 800	
1968		19 200	
1969		20 400	
1970		21 600	
1971		22 800	
1972		25 200	
1973		27 600	
1974		30 000	
1975		33 600	
1976		37 200	
1977		40 800	
1978		44 400	
1979		48 000	
1980		50 400	
1981		52 800	
1982		56 400	
1983		60 000	
1984		62 400	

1985	64 800
1986	67 200
1987	68 400
1988	72 000
1989	73 200
1990	75 600
1991	78 000
1992	81 600
1993	86 400
1994	91 200

Die Beitragsbemessungsgrenze bewirkt, daß in der Regel pro Kalenderjahr nicht mehr als etwa 1,8 Entgeltpunkte erreichbar sind. Insofern ist sie gleichzeitig Leistungsgrenze. Durch die somit begrenzten erreichbaren Entgeltpunkte ist gewissermaßen eine Höchstrente festgesetzt. (Für die knappschaftliche Rentenversicherung [die Rentenversicherung der Bergleute] gelten höhere Beitragsbemessungsgrenzen.)

Welche Arbeitsentgelte aus DDR-Zeiten sind bei der Rentenberechnung zu berücksichtigen?

Diese Frage ist unterschiedlich danach zu beantworten, welcher Versichertengruppe der Versicherte angehörte. Zu unterscheiden sind drei Gruppen: die in der Sozialversicherung Pflichtversicherten, die FZR-Versicherten und die Zusatz- und Sonderversorgten.   81

– Wer zu DDR-Zeiten nicht der Freiwilligen Zusatzrentenversicherung beigetreten war und auch nicht einem Zusatzversorgungssystem angehörte, sondern lediglich **pflichtversichert** war, für den gilt folgendes § 256 a SGB VI):

Obwohl Beitragspflicht nur für 600 M bestand, sind die tatsächlichen, auch über 600,- M liegenden Entgeltsummen bis Februar 1971 der Berechnung von Entgeltpunkten höchstens bis zur Beitragsbemessungsgrenze–West (siehe Rz. 80) zugrunde zu legen.

Für die Zeit ab März 1971 (seit Einführung der FZR) gilt: Nur
Arbeitsentgelte bis 600 M werden der Berechnung von Entgeltpunkten zugrunde gelegt. Mit dieser Regelung erweist sich nach der Existenz der DDR, daß die Entscheidung zum Nichtbeitritt zur FZR
sich als Entscheidung von erheblicher Tragweite darstellt. Während
zu DDR-Zeiten damit zu rechnen war, daß mit der FZR-Rente eine
gewisse Aufstockung der Rente um vielleicht 50 bis 150 M zu erreichen war (weshalb sich 15 bis 20 % der Beitrittsberechtigten auch
nicht zum Beitritt entschieden haben), zeigt sich nunmehr, daß diese
Entscheidung im Hinblick auf die Rentenhöhe von nahezu existen-
tieller Bedeutung gewesen sein kann.

– Für die **FZR-Versicherten** gilt für die Zeit ab März 1971 bis Dezember 1976, daß die tatsächlichen Verdienstsummen über 600 M und
 auch über 1 200 M bis zur Beitragsbemessungsgrenze bei der
 Berechnung der Entgeltpunkte zu berücksichtigen sind. In dieser
 Periode konnten in der FZR nur Entgeltsummen für weitere 600 M,
 also bis zum Gesamtbetrag von 1 200 M versichert werden.

 Ab 1977 gab es dann aufgrund eigener Entscheidung die Möglichkeit,
 entweder bis zu dem versicherten Grenzbetrag von 1 200 M in der
 FZR versichert zu sein oder mit dem gesamten 600 M übersteigenden
 Entgeltbetrag. Der Berechnung der Entgeltpunkte werden in dieser
 Periode die Verdienstsummen bis zur Beitragsbemessungsgrenze
 zugrunde gelegt, für die Beiträge zur FZR entrichtet worden sind.

– Für die Zeiten, in denen Versicherte einem Zusatz- oder Sonderversorgungssystem angehörten, werden für die Berechnung der Entgeltpunkte die Verdienstsummen nach den Regelungen des AAÜG
 zugrunde gelegt (§ 259b SGB VI, vgl. Rz. 138).

Die Verdienstsummen über 600 bzw. 1 200 M werden in voller Höhe nur
dann berücksichtigt, wenn sie vom Versicherten nachgewiesen werden

können. Als Nachweis dienen Verdienstbescheinigungen der Betriebe über die Jahres oder Monatsverdienste, Gehaltsstreifen u. a., aber nicht Arbeitsverträge, Änderungsverträge oder Einstufungsbescheide.

Praxishinweis: *Nachgewiesene Verdienstsummen können jeweils nach Hochrechnung mit den Umrechnungsfaktoren (vgl. Rz. 80) nur bis zur Beitragsbemessungsgrenze (vgl. Rz. 80) berücksichtigt werden. Daraus ergibt sich, daß Versicherte auf einen Nachweis ihrer Arbeitsentgelte über 600 M hinaus in der Zeit bis zum 31. August 1952 verzichten können, denn bis dahin galt auch in der Bundesrepublik eine Beitragsbemessungsgrenze von 600 DM. (Lediglich im Jahre 1950 können 604,17 M monatlich bzw. 7 250,04 M für das Jahr berücksichtigt werden, denn für dieses Jahr sind DDR-Verdienstsummen mit dem Faktor 0,9931 zu multiplizieren. Die Beitragsbemessungsgrenze (West) von 600 DM ist daher erst mit dem Betrag von 604,17 M (Ost) erreicht.*

Für FZR-Versicherte gilt gleichfalls, daß sie sich für die Jahre 1971 bis 1976 in keinem Fall um einen Nachweis der über 1 200 M liegenden Verdienstsummen zu bemühen brauchen, denn nach Hochrechnung mit den Umrechnungsfaktoren für die Jahre 1971 bis 1976 zeigt sich, daß die Beitragsbemessungsgrenze mit einem Betrag von 1 200 M in jedem Falle überschritten ist. Für die Zeit ab 1. Januar 1977 haben FZR-Versicherte im Ausweis für Arbeit und Sozialversicherung einen Nachweis über die FZRversicherten Verdienstsummen, und nur die werden bis zur Beitragsbemessungsgrenze bei der Berechnung von Entgeltpunkten berücksichtigt.

Verdienstnachweise benötigen Pflichtversicherte für die Zeit ab 1. September 1952 bis 28.Februar 1971, wenn sie monatliche Arbeitsverdienste über 600 M erzielt haben und Versicherte, die Zeiten in Zusatz- oder Sonderversorgungssystemen zurückgelegt haben (vgl. Rz.138ff.).

Praxishinweis: *Die Träger der Rentenversicherung haben bereits 1991 Arbeitgeber, Betriebe, Dienststellen aufgefordert, an die früheren Beschäftigen **Entgeltbescheinigungen** über alle in den Betrieben zurückgelegten Beschäftigungszeiten auszuhändigen. Sollten die Berechtigten bislang nicht die Verdienstbescheinigung erhalten*

haben, ist ihnen zu raten, sich weiterhin darum zu bemühen. (Lohn-
unterlagen waren nach DDR-Recht immerhin 30 Jahre lang aufzube-
wahren!) Nach den neuen Bestimmungen haben Arbeitgeber Lohn-
unterlagen, die am 31. Dezember 1991 vorhanden waren, bis zum
Ende des Jahres 2006 aufzubewahren (Art.1 § 15b SGB IV, einge-
fügt durch Art. 6 Rü-ErgG). Ohne Entgeltbescheinigung sind Nach-
teile in der Rentenhöhe hinzunehmen.

82 Können Rentenantragsteller aus der DDR zurückgelegte Beitragszeiten
und erhaltene Verdienstsummen nicht nachweisen, weil z. B. der Ausweis für Arbeit und Sozialversicherung verlorengegangen ist oder weil
der vormalige Betrieb, der Verdienstbescheinigungen ausstellen könnte,
nicht mehr existiert, besteht die Möglichkeit über die **Glaubhaftmachung von Beitragszeiten und Beitragszahlungen** Rentenansprüche zu
sichern (§ 286 b, 256 b SGB VI). Dabei gilt im Rentenrecht der Grundsatz, daß „nur" glaubhaft gemachte Arbeitsentgelte nicht in voller (glaubhaft gemachter) Höhe, sondern zu einem reduzierten Betrag von fünf
Sechsteln berücksichtigt werden.

Praxishinweis: *Die Sozialversicherung der DDR hat grundsätzlich
keine (einem Versichertenkonto der Rentenversicherung vergleichbaren) Unterlagen über die Beitragsleistungen der Versicherten
geführt. Der Ausweis über Arbeit und Sozialversicherung ist für ehe-
malige DDR Bürger daher grundsätzlich der einzige Beleg für
zurückgelegte rentenrechtliche Zeiten und versicherte Arbeitsverdienste. Jedem Versicherten ist daher anzuraten, ihn höchst sorgfältig und sicher aufzubewahren, um ihn bei der „Kontenklärung" oder
Rentenantragstellung vorlegen zu können. Zur Vorsicht sollte der
Ausweis auch nicht im Original beim Rentenversicherer eingereicht
werden, sondern als amtlich beglaubigte Kopie. Amtlich beglaubi-
gen können die Kopie die Rentenversicherer selbst oder ein Notar.*

Glaubhaft gemachte Beitragszeiten werden ohne Abstriche als rentenrechtliche Zeiten anerkannt. (Eine Ausnahme von diesen Grundsatz
besteht bei Zusatz-und Sonderversorgten [§ 18 AAÜG] – rentenrechtliche Zeiten sind grundsätzlich nachzuweisen!)

Als Mittel der Glaubhaftmachung können alle Beweismittel über Beginn und Ende von Arbeitsverhältnissen vorgelegt werden, Arbeitsverträge, Berufungsurkunden, Änderungsverträge, Eingruppierungsbescheide u. a.

Hinweis: *Diese Beweismittel können für den Nachweis von rentenrechtlichen Zeiten bei Zusatz- und Sonderversorgten (§ 18 AAÜG) genutzt werden, bei denen eine Glaubhaftmachung nicht möglich ist.*

Als ein mögliches (letztes) Mittel der Glaubhaftmachung können die Rentenversicherer auch Versicherungen an Eides statt zulassen.

Die Bewertung der glaubhaft gemachten Beitragszeiten erfolgt unterschiedlich für die Zeit vor und nach dem 1.Januar 1950.

Für Zeiten vor 1950 wird auf Tabellenwerte des Fremdrentengesetzes (FRG) zurückgegriffen, die zu fünf Sechsteln berücksichtigt werden. Auch für die Zeit danach werden nicht die individuell glaubhaft gemachten Entgeltsummen der Berechnung von Entgeltpunkten zugrunde gelegt, sondern die umfangreichen Tabellenwerte der Anlage 14 SGB VI weisen das zu berücksichtigende Entgelt aus. Für 23 Bereiche der Gesellschaft bzw. Volkswirtschaft sind jeweils Durchschnittsverdienstsummen in 5 Qualifikationsgruppen für die einzelnen Jahre bis 1990 zusammengestellt worden. Die einzelnen Qualifikationsgruppen erfassen Hochschulabsolventen, Fachschulabsolventen, Meister, Facharbeiter sowie an- und ungelernte Tätigkeiten.

Hinweis: *Die Tabellenwerte sind bereits auf DM-Beträge hochgerechnet und gegenüber den tatsächlichen Durchschnittsverdiensten auf fünf Sechstel gekürzt worden. Wer einen Vergleich mit tatsächlichen Entgeltbeträgen (in DDR-Mark) vornehmen will, muß den Tabellenwert durch den Umrechnungsfaktor (Rz. 80) teilen.*

Besonderheiten bei der Ermittlung von Entgeltpunkten für Beitragszeiten

83   Bei **freiwilligen Beiträgen zur Rentenversicherung** (die seit 1. Januar 1992 möglich sind und die nicht mit den Beiträgen zur FZR verwechselt werden dürfen, vgl. Rz. 81) ist für die Ermittlung von Entgeltpunkten zu beachten, daß diese Beiträge in ein fiktives Arbeitsentgelt umzuwandeln sind.

Zu diesem Zweck ist der monatliche Beitrag mit dem Faktor 100 zu multiplizieren und anschließend durch den aktuellen Beitragssatz der Rentenversicherung zu teilen. Der Beitragssatz beträgt 1994 19,2 %. Eine Hochrechnung des so ermittelten Entgelts auf Westniveau findet – anders als bei den Entgeltsummen, für die Pflichtbeiträge entrichtet wurden – nicht statt. Eine Hochrechnung erfolgt allerdings bei dem freiwilligen Anwartschaftserhaltungsbeitrag von 84,48 DM im Jahre 1994, vgl. dazu Rz. 2).

Beispiel:

Der für das Jahr 1994 gültige Mindestbeitrag einer freiwilligen Versicherung (107,52 DM monatlich) ist mit 100 zu multiplizieren und anschließend durch 17,5 zu teilen. Dies ergibt ein fiktives Arbeitsentgelt von 560 DM monatlich und von 6 720 DM für das Jahr (560 DM × 12). Teilt man dieses Entgelt durch das vorläufige (westdeutsche) Durchschnittsentgelt von 51 877 DM im Jahre 1993, gelangt man bei 12 Mindestbeiträgen im Jahre 1994 zu insgesamt 0,1292 Entgeltpunkten.

84   Eine ähnliche Berechnungsweise ist bei der Ermittlung von Entgeltpunkten für rentenversicherte **Selbständige** anzuwenden. Der monatliche Beitrag ist 1994 mit 100 zu vervielfältigen und danach durch 19,2 zu teilen, daraus ergibt sich das fiktive ostdeutsche Arbeitseinkommen des Selbständigen. Dieses Arbeitseinkommen ist anschließend auf Westniveau hochzurechnen. Dann erfolgt durch die Gegenüberstellung mit dem (westdeutschen) Durchschnittsentgelt die Feststellung der Entgeltpunkte.

Beispiel:

Der im Jahre 1994 gültige Regelbeitrag für einen rentenversicherungspflichtigen Selbständigen in den jungen Bundesländern (das sind 591,36 DM, vgl. auch Rz. 14) ist mit 100 zu multiplizieren und anschließend durch 19,2 zu teilen. Dies ergibt ein fiktives ostdeutsches Arbeitseinkommen von 3 080 DM monatlich und von 36 960 DM für das Jahr. Diese Summe ist durch Multiplikation mit dem Umrechnungsfaktor 1,2913 auf Westniveau hochzurechnen. Das ergiebt 47 726,45 DM. Diese Summe ist durch das vorläufige (westdeutsche) Durchschnittsentgelt des Jahres 1994 von 51 877 DM zu teilen. Aus den 12 Regelbeiträgen im Jahre 1994 ergeben sich somit 0,9200 Entgeltpunkte.

Für einen Monat der **Kindererziehung** (vgl. Rz. 63 ff.) werden 0,0625   85
Entgeltpunkte gewährt, also 0,75 Entgeltpunkte für das Jahr.

Entgeltpunkte für **Wehr- und Zivildienstleistende** (vgl. Rz. 64) wer-   86
den auf der Grundlage der geleisteten Pflichtbeiträge von gegenwärtig
80 % der Bezugsgröße berechnet.

Sehr vorteilhaft werden die Pflichtbeitragszeiten für die **Berufsausbil-**   87
dung (Lehre) mit Entgeltpunkten bewertet (§ 70 Abs. 3, § 256 Abs. 1
SGB VI): Für jeden Kalendermonat der Berufsausbildung werden mindestens 0,0750 Entgeltpunkte angerechnet. Für ein Jahr entspricht dies
0,9000 Entgeltpunkten (0,0750 Entgeltpunkte × 12), also einem
Niveau von 90% des Durchschnittsentgelts aller Arbeitnehmer.

Ohne besonderen Nachweis gelten stets die ersten 4 Pflichtbeitrags-
jahre (48 Kalendermonate einer versicherungspflichtigen Beschäftigung unabhängig von einer Berufsausbildung) im Leben eines Versicherten als Pflichtbeitragszeiten für eine Berufsausbildung, sofern
diese 4 Jahre vor der Vollendung des 25. Lebensjahres liegen. Für Zeiten nach dem 25. Lebensjahr werden Berufsausbildungszeiten nur anerkannt, wenn nachweislich tatsächlich eine Berufsausbildung erfolgt ist.

Praxishinweis: *Auf Antrag werden die über 48 Monate liegenden Berufsausbildungszeiten auch über das 25. Lebensjahr hinaus als Berufsausbildungszeiten berücksichtigt.*

Für Zeiten des Bezuges von **Sozialleistungen** (Lohnersatzleistungen   88
vor allem bei Krankheit und Arbeitslosigkeit), für die an die Rentenver-
sicherung Beiträge entrichtet worden sind (vgl. auch Rz. 13), gilt im
Hinblick auf die Ermittlung von Entgeltpunkten (§ 166 Nr. 2, § 276
Abs. 1 SGB VI): Bis Ende 1994 wird als fiktives Arbeitsentgelt der
Betrag zugrunde gelegt, der als Sozialleistung ausgezahlt wurde. Ab

1995 wird dann ein Wert von 80 % des Bruttoarbeitsentgelts zugrunde gelegt, das als Bemessungsgrundlage für die Lohnersatzleistung herangezogen wurde.

Im übrigen ist zu beachten, daß Zeiten des Sozialleistungsbezuges oftmals zugleich Anrechnungszeiten sind. Ist dies der Fall, wäre ein Günstigkeitsvergleich durchzuführen (vgl. Rz. 68).

Beispiel:

Ein Durchschnittsverdiener, der 1993 arbeitslos wurde, erhielt ein Arbeitslosengeld von 63 % des pauschalierten Nettoentgelts. Dies wirkt sich im Hinblick auf die Berechnung von Entgeltpunkten im Vergleich zum vorherigen Arbeitsentgelt folgendermaßen aus: Während er beim Bezug des Arbeitsentgelts für das Jahr 1,0000 (und für den Monat 0,0833) Entgeltpunkte angerechnet bekommt, sinkt der Wert der Entgeltpunkte beim Bezug von Arbeitslosengeld erheblich. Angenommen, das pauschalierte Nettoentgelt beträgt 67 % des vorherigen Bruttoentgelts und hiervon werden 63 % als Arbeitslosengeld gezahlt, erhält der arbeitslose Durchschnittsverdiener etwa 0.4500 Entgeltpunkte pro Jahr (0,0375 pro Monat) der Arbeitslosigkeit. Können diese Zeiten der Arbeitslosigkeit gleichzeitig als Anrechnungszeiten anerkannt werden, führt der Günstigkeitsvergleich in aller Regel für ihn zu einem besseren Ergebnis. Dasselbe gilt für einen Bezieher von Altersübergangsgeld.

89 Wurde im Laufe des Versicherungslebens für lange Zeit nur ein geringes Arbeitsentgelt erzielt (ein Umstand, der häufig bei Frauen vorkommt), kann es zur Gewährung einer **Rente nach Mindesteinkommen kommen** (§ 262 SGB VI). Die Mindestbewertung besteht darin, daß zum Zwecke der Rentenberechnung die vor dem 1. Januar 1992 liegenden Pflichtbeitragszeiten angehoben werden, und zwar

– auf das 1,5fache des an sich maßgebenden Entgeltpunktewertes aus dem niedrigen Arbeitsverdienst,

– höchstens jedoch auf einen Wert von 0,0625 Entgeltpunkten pro Monat (das entspricht einen Niveau von 75% eines Durchschnittsentgelts).

Die Mindestbewertung hat allerdings zur Voraussetzung, daß

– das Versicherungsleben insgesamt 35 Jahre an rentenrechtlichen Zeiten, einschließlich Berücksichtigungszeiten, umfaßt (Zu den rentenrechtlichen Zeiten vgl. Rz. 55 ff.) und

– der Monatsdurchschnitt aus allen Pflichtbeiträgen des Versicherungslebens unter einem Wert von 0,0625 Entgeltpunkten (also unter einem Niveau von 75 des Durchschnittsverdienstes) liegt.

Eine weitere Besonderheit der Berechnung von Entgeltpunkten ist beim **Versorgungsausgleich** zu beachten, der nach einer Ehescheidung durchgeführt wird: Derjenige Ehegatte, der ausgleichsberechtigt ist (also meistens die Ehefrau), erhält einen Zuschlag zu den Entgeltpunkten (§ 76 SGB VI). 90

Haben versicherte Bürger der DDR bereits zum Stichtag 18. Mai 1990 in Westdeutschland gelebt und sind sie vor dem 1. Januar 1937 geboren, gilt folgende Vergünstigung (§ 259 a SGB VI): Die Entgeltpunkte werden nicht nach dem tatsächlichen Arbeitsentgelt ermittelt, sondern sie werden nach den Tabellenwerten des **Fremdrentengesetzes** (FRG) bestimmt. Diese Regelung, die aus Gründen des Besitzsschutzes besteht, wird allerdings nur bei einem Rentenbeginn vor dem 1. Januar 1996 angewendet. 91

Für rentenversicherte Bürger, die zu Zeiten der DDR einer **politisch motivierten Verfolgung** ausgesetzt waren, sind Vergünstigungen bei der Rentenberechnung vorgesehen. Diese Vergünstigungen sollen verfolgungsbedingte Nachteile ausgleichen, die dem Betroffenen in der Rentenversicherung entstanden sind. Die entsprechenden Vorschriften liegen in einem Gesetzentwurf der Bundesregierung vor (Art. 2 §§ 9ff. des Entwurfs eines Zweiten SED-Unrechtsbereinigungsgesetzes, Bundesrats-Drucksache 92/93). 92

Solange zwischen Ost- und Westdeutschland keine einheitlichen Einkommensverhältnisse hergestellt sind, werden für die im Osten (dazu zählen nicht nur das Beitrittsgebiet, sondern auch die früheren deutschen Ostgebiete wie Ostpreußen, Sudetenland, Schlesien usw.) zurückgelegten rentenrechtlichen Zeiten **Entgeltpunkte (Ost)** ausgewiesen (§§ 254 b, 254 d SGB VI). Entgeltpunkte (Ost) werden dann bei der Rentenberechnung mit dem (niedrigeren) aktuellen Rentenwert (Ost) multipliziert. 93

Hat ein versicherter Bürger während seines Versicherungslebens sowohl im östlichen als auch im westlichen Deutschland rentenrechtliche Zeiten zurückgelegt, wird die spätere Rente regelmäßig aus einem ostdeutschen und einem westdeutschen Betrag gebildet.

Entgeltpunkte für beitragsfreie Zeiten

94 Bei der Berechnung einer Rente werden nicht nur für die zurückgelegten Beitragszeiten Entgeltpunkte berechnet, sondern auch für bestimmte beitragsfreie oder beitragsgeminderte Zeiten (§§ 71 bis 74, § 263, § 263a SGB VI). Zu den beitragsfreien Zeiten zählen die Anrechnungszeiten (vgl. Rz. 67 ff.), die Ersatzzeiten (vgl. Rz. 75) und die Zurechnungszeit (vgl. Rz. 74). Beitragsgeminderte Zeiten (§ 54 Abs. 3 SGB VI) sind solche Kalendermonate, die sowohl mit Beitragszeiten als auch beitragsfreien Zeiten belegt sind. Häufig treffen beitragsfreie Zeiten mit Beitragszeiten beim rentenversicherungspflichtigen Bezug von Sozialleistungen zusammen, z. B. beim Krankengeldbezug nach dem 1. Januar 1992. In einem solchen Fall wird im Rahmen der Gesamtleistungsbewertung ein Günstigkeitsvergleich vorgenommen: Die zusammentreffenden Zeiten (beitragsgeminderten Zeiten) werden wie beitragsfreie Zeiten bewertet, wenn dies günstiger ist als die Bewertung als Beitragszeit ist.

Beispiel:

Im Ausweis für Arbeit und Sozialversicherung von Bärbel P., Greifswald, ist eingetragen, daß sie vom 4. Oktober bis 27. November 1988 arbeitsunfähig krank war. Sowohl im Oktober wie auch im November erhielt sie für die geleistete Arbeit Arbeitsentgelt, für das Beiträge zur Sozialversicherung gezahlt wurden. Beide Monate rechnen zu den beitragsgeminderten Zeiten (angebrochene Monate zählen als volle Kalendermonate, § 122 Abs. 1 SGB VI). Die Zeit des Krankengeldbezugs ist Anrechnungszeit.

Haben Versicherte während des Zurücklegens solcher Zeiten auch (zumeist niedrige) Beiträge gezahlt, handelt es sich um beitragsgeminderte Zeiten. Beitragsgeminderte Zeiten sind zumindest mit den Entgeltpunkte zu bewerten, die sie als beitragsfreie Zeiten erhalten hätten.

95 Berücksichtigungszeiten (vgl. Rz. 76 ff.) erhalten selbst keine Entgeltpunkte, haben aber Auswirkungen darauf, mit welchen Entgeltpunkten beitragsfreie Zeiten bewertet werden (§ 71 Abs. 3 SGB VI).

Die Höhe der Entgeltpunkte für beitragsfreie Zeiten richtet sich vor allem nach der Höhe der rentenversicherten Arbeitsentgelte, die im Laufe des Versicherungslebens erzielt wurden (§ 63 Abs. 3 SGB VI).

Hat also ein versicherter Bürger stets ein hohes Arbeitsentgelt bezogen, werden nicht nur die entsprechenden Beitragszeiten hoch bewertet (hohe Entgeltpunkte errechnet), sondern auch die beitragsfreien Zeiten. Das ist z. B. für Personen wichtig, die längere Hochschulzeiten zurückgelegt haben (diese Zeiten sind beitragsfreie Zeiten in der Form von Anrechnungszeiten, vgl. Rz. 71).

Für die beitragsfreien und beitragsgeminderten Zeiten werden Entgelt- 96
punkte nach einem sehr komplizierten Berechnungsverfahren ermittelt. Die Berechnung erfolgt im Rahmen der **Gesamtleistungsbewertung**, mit deren Hilfe bestimmte Durchschnittsentgeltpunkte aus den Beitrags- und Berücksichtigungszeiten des Versicherten errechnet werden.

> **Praxishinweis:** *An dieser Stelle können nur die Grundregeln der Gesamtleistungsbewertung erläutert werden. Das ermöglicht eine überschlägige Be- (oder Nachbe-)rechnung des Durchschnittswerts an Entgeltpunkten, die im Versichertenleben erreicht wurden. Zahlreiche Sonder- und Übergangsregelungen müssen vernachlässigt werden.*

Für die Ermittlung des durchschnittlichen Werts an Entgeltpunkten gilt 97
im Grundsatz, daß die **Gesamtsumme der erreichten Entgeltpunkte** durch die **Anzahl der Kalendermonate** geteilt wird, die den belegungsfähigen Zeitraum bilden.

Die Gesamtsumme der Entgeltpunkte sind die Entgeltpunkte aus den Beitragszeiten, hinzugerechnet werden fiktive Entgeltpunkte aus Berücksichtigungszeiten für Kindererziehung und Pflege. Während Pflegeberücksichtigungszeiten erst ab 1. Januar 1992 entstehen können, werden Kinderberücksichtigungszeiten auch für die Zeit vor dem 1. Januar 1992 anerkannt. Berücksichtigungszeiten werden mit 0,75 Entgeltpunkten pro Jahr bewertet. Die aus Berücksichtigungszeiten errechneten Entgeltpunkte sind zunächst kein Teil der persönlichen Entgeltpunkte, nach denen gemäß der Rentenformel der Monatsbetrag der Rente errechnet wird. Sie erhöhen nicht unmittelbar den Rentenbetrag, sondern erst über die Höherwertung des individuellen Durchschnittswerts an Entgeltpunkten für beitragsfreie Zeiten.

98 Der **belegungsfähige Zeitraum** beginnt regelmäßig mit der Vollendung des 16. Lebensjahres und endet mit dem Kalendermonat vor dem Rentenbeginn. Zeiten werden deshalb als belegungsfähiger Zeitraum bezeichnet, weil sie im Leben eines Versicherten als Beitragszeiten oder beitragsfreie Zeiten zurückgelegt werden könnten. Die Kalendermonate, in denen beitragsfreie Zeiten, Anrechnungszeiten, Ersatzzeiten und die Zurechnungszeit, aber nicht Berücksichtigungszeiten zurückgelegt wurden, sind vom Gesamtzeitraum abzusetzen. „Lükken" im Versichertenleben sind Zeiten ohne Beitragszahlung und Zeiten, die nicht als beitragsfreie Zeit oder Berücksichtigungszeit anerkannt sind (z. B. Zeiten eines Auslandsaufenthalts, Zeiten selbständiger Tätigkeit ohne Beitragszahlung); sie bleiben in der Gesamtzahl der belegungsfähigen Kalendermonate enthalten und führen damit zu einem geringeren Durchschnittswert an Entgeltpunkten.

Beispiel:

Bei Helmut S., Bernau, der eine Regelaltersrente mit Vollendung des 65. Lebensjahres beantragt hat, beträgt der belegungsfähige Zeitraum 589 Kalendermonate (ab Vollendung des 16. Lebensjahres bis zum Monat vor Rentenbeginn). Er hat drei Jahre (36 Monate) lang eine Fachschule besucht, die er mit Erfolg abgeschlossen hat, und er war in 4 Monaten voll arbeitsunfähig krank. In diesen Monaten wurde Krankengeld gezahlt. In weiteren 4 Monaten war er ebenfalls arbeitsunfähig, konnte aber teilweise noch arbeiten. Für das erarbeitete Arbeitsentgelt wurden in diesen Monaten jeweils Beiträge gezahlt. Für die Zeit der Erkrankung hat er Krankengeld erhalten. Anrechnungszeit sind 40 Monate (36 Monate Fachschulbesuch + 4 Monate voller Arbeitsunfähigkeit); sie sind von dem Gesamtzeitraum von 589 Monaten abzusetzen. Belegungsfähiger Zeitraum sind also 549 Monate.

Der Durchschnittswert für die Bewertung der beitragsfreien und beitragsgeminderten Zeiten wird entweder nach der Grundbewertung oder nach der Vergleichsbewertung errechnet. Der höhere Wert ist maßgebend.

Bei der **Grundbewertung** ist der Gesamtwert der Entgeltpunkte aus den Beitragszeiten und den eventuell vorliegenden Berücksichtigungszeiten durch die Anzahl der belegungsfähigen Kalendermonate zu teilen. Dadurch erhält man den Gesamtleistungswert nach der Grundbewertung. 99

Beispiel:

Helmut S. (obiges Beispiel) hat einen Gesamtwert an Entgeltpunkten aus Beitragszeiten von 48,0478 erreicht. Der Gesamtleistungswert nach der Grundbewertung beträgt bei ihm 0,0875 Entgeltpunkte pro Monat (48,0478 EP : 549 belegungsfähige Kalendermonate = 0,0875 EP).

Bei der **Vergleichsbewertung** sind vom Gesamtwert an Entgeltpunkten die Entgeltpunkte abzuziehen, die auf beitragsgeminderte Zeiten (vgl. Rz. 94) entfallen, und außerdem ist auch der belegungsfähige Zeitraum um die Anzahl der Monate mit beitragsgeminderten Zeiten zu kürzen. Der auf diese Weise berechnete Wert an Entgeltpunkten ist durch die Anzahl der Kalendermonate zu teilen, in denen volle Beiträge gezahlt wurden. Mit dieser Vergleichsberechnung soll gewährleistet werden, daß niedrige Beitragszahlungen für Monate, in denen zugleich beitragsfreie Zeiten liegen, sich nicht nachteilig auf die Bewertung der beitragsfreien Zeiten auswirken. 100

Beispiel:

Für die 4 Monate, in denen Helmut S. (vgl. obiges Beispiel) jeweils zum größten Teil arbeitsunfähig krank war, konnten ihm wegen der geringen Beitragszahlung nur 0,0226 Entgeltpunkte berechnet werden. Diese Summe ist von seinem Gesamtwert an Entgeltpunkten abzuziehen (48,0478 EP – 0,0226 EP = 48,0252 EP). Ebenso ist die Zahl der belegungsfähigen Monate um diese 4 Monate zu kürzen (549 – 4 = 545).

Der Gesamtleistungswert aus der Vergleichsberechnung beträgt 0,0881 pro Monat (48,0252 EP : 545 Kalendermonate = 0,0881).

Als der höhere Wert ist bei Helmut S. der Wert aus der Vergleichsberechnung und nicht aus der Grundbewertung der Bewertung der beitragsfreien und der beitragsgeminderten Zeiten zugrunde zu legen.

Folglich sind bei Herrn S. die Anrechnungszeiten der Fachschulausbildung (36 Monate) und der Arbeitsunfähigkeit (4 Monate) und auch die beitragsgeminderten Zeiten (4 Monate), insgesamt also 44 Monate, mit dem Gesamtleistungswert aus der Vergleichsberechnung 0,0881 zu multiplizieren. Dies ergibt 3,8764 Entgeltpunkte. Zusammen mit den Entgeltpunkten aus den Beitragszeiten hat er also insgesamt in seinem Versichertenleben 51,9242 Entgeltpunkte erreicht.

101 Der volle Gesamtleistungswert (der höhere) aus der Grundberechnung oder der Vergleichsberechnung wird bei allen Ersatzzeiten, bei der Zurechnungszeit und bei einem Teil der Anrechnungszeiten (Zeiten wegen Schwangerschaft, Mutterschaft, einer vor dem 1. März 1957 abgeschlossenen Lehre und bei der pauschalen Anrechnungszeit, § 263 Abs. 2 SGB VI) eingesetzt. Beitragsgeminderte Zeiten erhalten durch einen Zuschlag denselben Wert wie beitragsfreie Zeiten.

Für Anrechnungszeiten wegen Krankheit und Arbeitslosigkeit ist vorgesehen, daß nicht der volle Gesamtleistungswert eingesetzt wird, sondern nur 80 %. Auch bei schulischen Ausbildungszeiten ist eine Begrenzung auf 75 % vorgesehen (§ 74 SGB VI). Die Begrenzung wird schrittweise – abhängig vom Jahr des Rentenbeginns – eingeführt (§ 263 SGB VI). Bei Anrechnungszeiten wegen Krankheit und Arbeitslosigkeit ist bei einem Beginn der Rente bis zum Ende des Jahres 1994 keine Begrenzung vorgesehen. Bei einem Rentenbeginn im Jahre 1995 erfolgt eine Kürzung des Gesamtleistungswerts um 5 %.

Bei den schulischen Anrechnungszeiten erfolgt die Kürzung 1992 auf 99 %, 1993 auf 97 %, 1994 auf 95 %, also mit jedem Jahr um 2 %, bis 75 % im Jahre 2004 erreicht sind.

Praxishinweis: *Weitere Sonderregelungen bei der Gesamtleistungsbewertung betreffen Pauschalzeiten zur Lückenschließung (§ 263 Abs. 2 SGB VI), den Lückenausgleich bei der Zurechnungszeit (§ 72 Abs. 4 SGB VI) und die Gesamtleistungsbewertung mit Entgeltpunkten (West) und Entgeltpunkten (Ost), § 263a SGB VI.*

Persönliche Entgeltpunkte

Sind die Entgeltpunkte für die Beitragszeiten und die beitragsfreien 102
Zeiten (sowie eventuelle Zuschläge für beitragsgeminderte Zeiten, Zu-
oder Abschläge aus einem Versorgungsausgleich) zu einer Gesamtsumme an Entgeltpunkten zusammengefaßt, sind in einem weiteren
Schritt die persönlichen Entgeltpunkte zu berechnen.

Die persönlichen Entgeltpunkte werden regelmäßig dadurch ermittelt,
daß die Gesamtsumme der Entgeltpunkte mit dem **Zugangsfaktor** multipliziert wird. Der Zugangsfaktor, der grundsätzlich den Wert 1,0 hat
und dadurch nicht die Gesamtsumme der Entgeltpunkte verändert, ist
nur dann von Bedeutung, wenn er ober- oder unterhalb des Wertes 1,0
liegt. Der Zugangsfaktor ist höher, wenn eine Rente wegen Alters ab
der Vollendung des 65. Lebensjahres noch nicht bezogen wird, obwohl
die Wartezeit bereits erfüllt war. Mit der dadurch bewirkten höheren
Rente wird eine Gegenleistung für den zeitweiligen Rentenverzicht
erbracht.

Praxishinweis: *Für den Fall, daß ein 65jähriger Bürger, der
berechtigt ist, die Altersrente in Anspruch zu nehmen, den Zeitpunkt des Rentenbeginns hinausschiebt, erlangt der Zugangsfaktor folgende Bedeutung. Für jeden Kalendermonat, um den der
Rentenbeginn durch eine spätere Rentenantragstellung hinausge-
schoben wird, ist die Gesamtsumme der Entgeltpunkte mit dem
Zugangsfaktor 0,005 zu multiplizieren (§ 77 Abs. 2 Nr. 2 SGB VI).
Dies läuft auf einen Rentenzuschlag hinaus, der die spätere Rente
pro hinausgeschobenem Monat um 0,5 % erhöht. Ist der Rentenbeginn um ein Jahr hinausgesschoben, wird die Rente dadurch um
6 % gesteigert.*

Das Gesetz sieht einen niedrigeren Zugangsfaktor für den Fall vor, daß
bei einem Rentenbeginn ab dem Jahr 2001 eine Altersrente vorzeitig
beansprucht wird (§ 77 Abs. 2 Nr. 1 SGB VI). Ab diesem Zeitpunkt
werden bei den meisten Altersrenten die Altersgrenzen schrittweise
heraufgesetzt (§ 41 SGB VI, vgl. Rz. 20). Es ist dann zwar weiterhin
möglich, trotz dieser Heraufsetzung vorzeitig in Altersrente zu gehen
(z. B. als Frau mit der Vollendung des 60. Lebensjahres bis zum

Geburtsdatum 31. Dezember 1948). Durch den niedrigeren Zugangsfaktor ist aber ein Rentenabschlag hinzunehmen. Für jeden Monat, um den die Rente vorzeitig in Anspruch genommen wird, mindert sich der Zugangsfaktor 1,0 um 0,003. Für jeden Monat der vorzeitigen Inanspruchnahme wird ein Rentenabschlag von 0,3 % berechnet. Die vorzeitige Inanspruchnahme der Rente um ein Jahr bedeutet dann eine Kürzung um 3,6 %. Damit soll die längere Bezugszeit der Rente ausgeglichen werden.die persönlichen Entgeltpunkte werden bei **Waisenrenten** aus den persönlichen Entgeltpunkten für die rentenrechtlichen Zeiten des verstorbenen Versicherten und einem Zuschlag berechnet (§§ 66 Abs. 1, 78 und § 264b SGB VI, vgl Rz. 50f.).

Rentenartfaktor (RAF)

103 Neben den Entgeltpunkten bildet der Rentenartfaktor (§ 67 SGB VI) den zweiten Bestandteil der dreigliedrigen Rentenformel. Der Rentenartfaktor bestimmt das Sicherungsziel der jeweiligen Rentenart (§ 63 Abs. 4 SGB VI). Durch Verwendung dieses Faktors wird also festgelegt, welches Rentenniveau mit einer bestimmten Rentenart verbunden ist. Eine Hinterbliebenenrente, die den Unterhalt, der nach dem Tod des Versicherte ausfällt, in bestimmtem Umfang sichern soll, ist daher niedriger als eine Altersrente oder als eine Erwerbsunfähigkeitsrente, mit der eine wirtschaftliche Grund- oder Mindestsicherung des Versicherten erreicht werden soll. Im einzelnen gilt für die Bestimmung des Rentenartfaktors:

104 Bei den Altersrenten und der Rente wegen Erwerbsunfähigkeit ist der Rentenartfaktor 1,0; er wirkt sich mithin nicht aus (§ 67 Nr. 1 und 3 SGB VI). Der Rentenartfaktor mit dem Wert 1,0 wird auch dazu eingesetzt, um eine Witwen- bzw. Witwerrente während der ersten 3 Kalendermonate so zu berechnen, daß sie der vollen Rente des Verstorbenen entspricht (sog. Sterbevierteljahr, § 67 Nr. 5 und 6 SGB VI). Schließlich wird auch die Erziehungsrente mit dem Rentenartfaktor 1,0 berechnet (§ 67 Nr. 4 SGB VI).

105 Bei den anderen Rentenarten ist das gesetzliche Sicherungsziel niedriger angesetzt. Der Rentenartfaktor liegt hier unter 1,0 und wirkt sich damit innerhalb der Rentenformel aus. Hierher gehören folgende Faktoren (§ 67 Nr. 2, 5 bis 8 SGB VI):

- Berufsunfähigkeitsrente   0,6667
- große Witwen- bzw. Witwerrente   0,6
- kleine Witwen- bzw. Witwerrente   0,25
- Halbwaisenrente   0,1
- Vollwaisenrente   0,2.

Aktueller Rentenwert (aR)

Bei dem dritten Faktor der Rentenformel, dem aktuellen Rentenwert, 106
handelt sich um einen DM-Betrag (bei den Altersrenten und anderen
Renten mit dem Rentenartfaktor 1 um den Gegenwert in DM für einen
Entgeltpunkt), der in regelmäßigen Abständen neu festgelegt wird.
Dadurch wird die Rente dynamisch gehalten: sie folgt der allgemeinen
Einkommensentwicklung

In den jungen Bundesländern wird der aktuelle Rentenwert bislang
zum 1. Januar und 1. Juli eines jeden Jahres durch Rechtsverordnung
neu festgesetzt. Seit dem 1. Januar 1994 beträgt der aktuelle Rentenwert 33,34 DM. Nach diesem Wert werden die (am 31. Dezember) laufenden Renten berechnet, und dieser Wert ist bei einen Rentenbeginn
maßgebend, der in den neuen Bundesländern zwischen dem 1. Januar
und dem 30. Juni 1994 liegt.

Der aktuelle Rentenwert entspricht dem (fiktiven) Monatsbetrag einer
Altersrente, der sich ergibt, wenn ein aktueller Durchschnittsverdiener
für ein Jahr Beiträge an die Rentenversicherung zahlt und damit
1,0000 EP erreicht. Das monatliche Durchschnittsentgelt in Ostdeutschland liegt (abgeleitet von der festgesetzten Beitragsbemessungsgrenze von 5 900 DM) 1994 bei dem Betrag von 3 278 DM. Erhält ein
Versicherter dieses Arbeitsentgelt und würde er noch im 1. Halbjahr
1994 seine Altersrente beginnen, bekäme er mit jeder monatlichen Beitragszahlung 2,78 DM mehr an Rente (33,34 DM : 12
Monate = 2,78 DM). Im 1. Halbjahr 1994 könnte ein Durchschnittsverdiener durch seine Beitragszahlungen einen monatlichen Rentenbetrag
von 16,67 DM „erwirtschaften". Liegt der Verdienst oberhalb der Beitragsbemessungsgrenze (5 900 DM), würde dies einen monatlichen
Rentenbetrag von 30,03 DM zur Folge haben.

Im westlichen Deutschland ist der aktuelle Rentenwert höher ange- 107
setzt, er beträgt 44,49 DM für die Zeit ab dem 1. Juli 1993. Dort

erfolgt die Neufestsetzung im Jahresabstand, zum 1. Juli eines jeden Kalenderjahres. Die unterschiedlichen aktuellen Rentenwerte für Ost- und Westdeutschland spiegeln die unterschiedlichen Einkommensverhältnisse wider. Wenn sich die Einkommensverhältnisse angeglichen haben werden, wird es nur noch einen aktuellen Rentenwert geben und dadurch erreicht sein, daß der Rentner in Ost-wie in Westdeutschland mit der gleichen Summe an Entgeltpunkten eine gleiche Rente erhält.

Praxishinweis: *Sollten neben persönlichen Entgeltpunkten (Ost) auch Entgeltpunkte (West) bei der Rentenberechnung zu berücksichtigen sein, z. B. bei Pendlern, wird die Monatsrente aus der Summe von zwei Teilbeträgen gebildet. Ein Teilbetrag ergibt sich daraus, daß die Entgeltpunkte (Ost) mit dem aktuellen Rentenwert (Ost) berechnet werden, und der zweite Teilbetrag errechnet sich aus der Multiplikation der Entgeltpunkte (West) mit dem aktuellen Rentenwert (West).*

Die Rentenanpassungen (Rentenerhöhungen) werden auch in Prozentsätzen ausgewiesen (zuletzt gab es in den jungen Bundesländern einen Anpassungssatz von 3,64 % zum 1. Januar 1994, zum 1. Juli 1993 waren es 14,12 %). Der Prozentsatz ergibt sich aus dem Verhältnis, in dem der alte und der neue aktuelle Rentenwert zueinander stehen. Hierbei ist allerdings zu beachten, daß dieser Anpassungssatz dadurch geschmälert werden kann, daß der Eigenbeitrag des Rentners zu seiner Krankenversicherung steigt (vgl. Rz. 152) oder daß in der Rente ein Auffüllbetrag enthalten ist (vgl. Rz. 111). Zum 1. Januar 1994 ist allerdings keine Schmälerung eingetreten, weil der Eigenbetrag zur Krankenversicherung unverändert geblieben ist.

Der Prozentsatz der Rentenanpassung hat über die Rentenversicherung hinaus Bedeutung, denn auch andere längerfristige Sozialleistungen, wie die Renten der Unfallversicherung (die Verletztenrenten), das Arbeitslosengeld, das Krankengeld u. a., werden um diesen Prozentsatz angehoben.

Abschließend ein Beispiel für die Berechnung des Monatsbetrages einer Altersrente nach der Rentenformel des SGB VI:

Zusatzleistungen

In einigen Fällen verhält es sich so, daß der nach der Rentenformel   108
errechnete Betrag noch nicht den endgültigen Betrag der Monatsrente
ausweist. Ggf. werden noch zusätzliche Leistungen erbracht (§§ 106 ff,
269, 270 SGB VI). Hierbei geht es im wesentlichen um zwei Leistungen:

Zum einen kann die Zusatzleistung darin bestehen, daß vom Rentenver-   109
sicherungsträger ein Zuschuß zur Krankenversicherung des Rentners
gewährt wird (§ 106 SGB VI). Diesen Zuschuß erhalten nur diejenigen
– in der ehemaligen DDR verhältnismäßig seltenen – Rentner, die
nicht Pflichtmitglied der Rentnerkrankenversicherung sind, sondern
sich freiwillig in der gesetzlichen Krankenversicherung oder privat bei
einem Krankenversicherungsunternehmen versichert haben.

Praxishinweis: *Wer als Rentner in der Krankenversicherung der Rentner pflichtversichert ist, erhält – wirtschaftlich betrachtet – ebenfalls einen Zuschuß, der aber vom Gesetz nicht als solcher bezeichnet wird: Der Rentenversicherungsträger übernimmt hier die Hälfte des Beitrags, der an die Krankenkasse zu zahlen ist (vgl. Rz. 151ff.).*

Zum anderen gibt es den Fall, daß von Bürgern in der DDR freiwillige   110
Beiträge in geringfügiger Höhe entrichtet wurden, und zwar auf der
Grundlage einer DDR-Verordnung vom 28. Januar 1947. Als „geringfügig" sind in diesem Zusammenhang Beiträge anzusehen, die nach
1961 in den Lohnstufen 1 bis 4 gezahlt wurden (Beiträge zwischen
3 M und 12 M). Derartige Beiträge gehen nicht in die Rentenformel

ein, sondern werden als statischer Rentenzuschlag gewährt, der nicht an den regelmäßigen Rentenanpassungen teilnimmt (§ 248 Abs. 3 Satz 2 Nr. 3, § 269 Abs. 1 SGB VI).

Auffüllbetrag und Sozialzuschlag

111 Der Auffüllbetrag und der Sozialzuschlag haben gemeinsam, daß es sich um Zahlungen handelt, die nur an Rentner in den jungen Bundesländern erbracht werden.

Der **Auffüllbetrag** (§ 315a SGB VI) hängt mit der Umstellung von ostdeutschen Renten zum Stichtag 1. Januar 1992 zusammen. Diese vom Gesetz als „Rentenumwertung" bezeichnete Umstellung war dadurch gekennzeichnet, daß die Renten, auf die am 31. Dezember 1991 ein Anspruch bestand (Bestandsrenten), neu berechnet wurden. Die Neuberechnung (§ 307a SGB VI) erfolgte mit Hilfe eines an die Rentenformel des SGB VI angelehnten Verfahrens.

112 Obwohl ein vereinfachtes (maschinelles) Verfahren angewendet wurde, sind die bei der Umwertung vollzogenen Berechnungsvorgänge verhältnismäßig kompliziert. Hinzu kommt, daß die Rentenversicherungsträger erhebliche Schwierigkeiten mit der praktischen Umsetzung der Umwertungsnormen hatten. Die Umwertung erfolgte zum 1. Januar 1992 nach folgenden Grundsätzen:

– Die bestehenden Renten aus der Sozialpflichtversicherung und der FZR waren nach den Vorschriften des SGB VI grundsätzlich nicht erneut zu berechnen. Vielmehr wurden in einem Pauschalverfahren, das aber ein endgültiges Ergebnis festsetzt, Entgeltpunkte (Ost) ermittelt.

– Die Ermittlung der Entgeltpunkte erfolgte dadurch, daß die individuellen durchschnittlichen Entgeltpunkte für ein Arbeitsjahr in den letzten 20 Jahren vor der Aufgabe der Beschäftigung vor Rentenbeginn mit der Anzahl der Arbeitsjahre multipliziert wurden, die im Verlaufe des gesamten Versicherungslebens zurückgelegt worden sind.

– Die individuellen durchschnittlichen Entgeltpunkte für ein Arbeitsjahr in den letzten 20 Jahren wurden dadurch errechnet, daß das beitragspflichtige Arbeitsentgelt der 20 Jahre (zurückgegriffen wurde auf das gespeicherte monatliche Durchschnittsentgelt multipliziert mit 240 – der Anzahl der Kalendermonate für 20 Jahre) durch das Gesamtdurchschnittseinkommen aller Versicherten in den 20 Jahren (Werte der Anlage 12 SGB VI) geteilt wurde.

– Für jedes bisher in der Rente berücksichtigte Kind erhöhten sich die Entgeltpunkte um einen Zuschlag von 0,7500 Entgeltpunkten.

– Für Versicherte mit mindestens 35 Arbeitsjahren waren unter bestimmten Voraussetzungen Mindestentgeltpunkte zu ermitteln.

Das Ergebnis der Neuberechnung war der anpassungsfähige Rentenbetrag. Anpassungsfähiger Betrag bedeutet, daß nur dieser Betrag der Rentenanpassung (Rentenerhöhung) zugrunde gelegt wurde, die zusammen mit der Umwertung zum 1. Januar 1992 stattfand. Oftmals lag der anpassungsfähige Betrag unter dem Rentenbetrag, der im Dezember 1991 auf der Grundlage des DDR-Rentenrechts gezahlt wurde.

Damit Rentenleistungen nicht gekürzt wurden, ist die Differenz zwischen dem anpassungsfähigen und dem bisherigen (im Dezember 1991 gezahlten) Rentenbetrag seit dem 1. Januar 1992 als Auffüllbetrag (§ 315 a SGB VI) zu zahlen. Der Grund hierfür liegt im Besitzschutz, denn durch den Auffüllbetrag wurde erreicht, daß der Rentenzahlbetrag zum 1. Januar 1992 nicht niedriger ausfiel als der Zahlbetrag vom Dezember 1991. Der Zahlbetrag vom Dezember 1991 wurde noch um 6,84 % erhöht, weil ab dem 1. Januar 1992 die Hälfte des Beitrages zur Krankenversicherung der Rentner zu zahlen war.

Der Auffüllbetrag nimmt nicht an den regelmäßigen Rentenanpassungen teil, die in den jungen Bundesländern zum 1. Januar und 1. Juli eines jeden Jahres stattfinden. Das bedeutet, daß derjenige Ostrentner, in dessen Rente ein Auffüllbetrag enthalten ist, nicht in den Genuß des Erhöhung des gesamten Rentenbetrages kommt. Dieser Prozentsatz wird nur auf den anpassungsfähigen Rentenbetrag dadurch angewendet, daß eine Berechnung der festgestellten Entgeltpunkte mit dem neuen aktuellen Rentenwert erfolgt.

Ab 1. Januar 1996 wird der Auffüllbetrag dadurch abgeschmolzen, daß bei jeder Rentenanpassung ein Fünftel des Betrages, mindestens 20 DM, wegfallen. Der bisherige Zahlbetrag der Rente darf dadurch nicht unterschritten werden.

113   Eine weitere Besonderheit in den jungen Bundesländern stellt der **Sozialzuschlag** dar (Art. 40 RÜG). Dieser Zuschlag steht nicht nur außerhalb der Rentenformel, sondern ist eigentlich auch keine Leistung der Rentenversicherung. Es handelt sich bei dem Sozialzuschlag vielmehr um eine pauschalierte Sozialhilfeleistung, der lediglich aus Vereinfachungsgründen vom Rentenversicherungsträger ausgezahlt wird und ein Mindesteinkommen aus der Rente gewährleistet.

Wird mit der Rente ein bestimmter Betrag nicht erreicht, wird die Differenz zwischen dem Rentenbetrag und diesem Grenzbetrag als Sozialzuschlag gezahlt. Zum 1. Juli eines jeden Jahres werden von der Bundesregierung die Grenzbeträge neu festgesetzt wird. Seit dem 1. Juli 1993 gelten folgende Grenzbeträge :

- 674 DM für alleinstehende Rentenbezieher und
- 1 080 DM für verheiratete Rentenbezieher.

Die Rente wird aber nur dann bis zu den genannten Grenzen aufgestockt, wenn das gesamte Erwerbseinkommen (also die Rente und ein ggf. noch zusätzlich aus Arbeit oder aus einer Altersversorgung erzieltes Einkommen) diese Grenzen nicht übersteigt. Bei verheirateten Rentenbeziehern wird auch das Einkommen des anderen Ehegatten angerechnet.

Wegen dieser Anrechnungsregelungen erhalten fast ausschließlich alleinstehende Rentner einen Sozialzuschlag.

Ein Anspruch auf die Zahlung eines Sozialzuschlags besteht bei allen Rentenarten außer den Waisenrenten nur

- bei einem Rentenbeginn vor dem 1. Januar 1994 und
- auch nur, wenn der Berechtigte am 18. Mai 1990 seinen gewöhnlichen Aufenthalt in der DDR hatte und solange er sich in den jungen Bundesländern aufhält.

Der Sozialzuschlag fällt zum 1. Januar 1997 weg.

**Sonderregelungen über das Zusammentreffen von Renten
mit anderen Sozialleistungen**

114 Bei Bestehen eines Rentennanspruchs kann es vorkommen, daß nicht
der volle bzw. überhaupt kein Rentenbetrag ausgezahlt wird. Diese
Fälle der teilweisen bzw. vollständigen Nichtzahlung können insbesondere dann eintreten, wenn die Rente mit anderem Einkommen zusammentrifft.

Die wichtigsten Regelungen, die in diesem Zusammenhang zu nennen
sind, betreffen folgende Situationen des Zusammentreffens:

– Eine Hinterbliebenenrente trifft mit einem Arbeitsentgelt oder einer
 Versorgung zusammen (z. B. bei einer Witwe, die aus der gesetzlichen Rentenversicherung zusätzlich zur Witwenrente auch noch
 eine eigene Altersrente erhält): Die Rentenversicherungsrente wird
 ggf. gekürzt oder überhaupt nicht geleistet (§ 97 SGB VI, näher
 Rz. 45 ff.).

– Eine Berufs- bzw. Erwerbsunfähigkeitsrente trifft mit einer Verletz-
 tenrente aus der gesetzlichen Unfallversicherung zusammen: Die
 Rente der Rentenversicherung wird zum Teil nicht geleistet (§ 93
 SGB VI, vgl. Rz 31).

– Eine Berufs- bzw. Erwerbsunfähigkeitsrente trifft mit einem Arbeitsentgelt oder Arbeitslosengeld zusammen: Die Rente bzw. die Ren-
 tennachzahlung wird ggf. nicht geleistet (§§ 94, 95 SGB VI).

– Eine Waisenrenten trifft mit anderen Leistungen für Waisen zusammen (z. B. mit einem Waisengeld aus der Beamtenversorgung): Die
 Waisenrente wird gekürzt (§ 92 SGB VI).

Vertrauenssschutz für Rentenzugänge bis Ende 1996 in den neuen Bundesländern

Was bedeutet Vertrauensschutz?

Seit Beginn des Jahres 1992 werden die Renten, wie vorher erläutert, 115
auch in den neuen Bundesländern nach dem einheitlichen deutschen
Rentenrecht des Sozialgesetzbuches VI berechnet. Damit die Anwendung dieser neuen Rechtsvorschriften nicht zu unerwarten Benachteiligungen führt und nicht unzumutbare Umstellungen für die ausstehende
Lebensphase eintreten, ist für einen bestimmten Personenkreis, die
„rentennahen Jahrgänge" (das sind gewöhnlich die Personen, die in 5
Jahren das Rentenalter erreichen), und nur für diese, ein besonderer
Vertrauensschutz eingerichtet worden. Dieser Vertrauensschutzregelung unterliegen nach dem RÜG diejenigen Versicherten aus den jungen Bundesländern, deren Rentenbeginn in der Zeit zwischen dem 1.
Januar 1992 und dem 31. Dezember 1996 liegt.

Der Vertrauensschutz verfolgt das Ziel, einen (nach vormaligem DDR- 116
Rentenrecht) erreichten Besitzstand aufrechtzuerhalten. Für jeden Rentenantragsteller in dem Zeitraum vom 1. Januar 1992 bis zum
31. Dezember 1996 ist die Rente daher nicht nur nach den Vorschriften
des Sozialgesetzbuches zu bestimmen und zu berechnen, sondern ebenfalls nach DDR-Rentenrecht bzw. Übergangsrecht, und zwar nach dem
Stand, nach dem dieses Recht aus der DDR und der Übergangsphase
am 31. Dezember 1991 gegolten hat. Diese Rechtsvorschriften des
DDR-Rentenrechts sind deshalb in zusammengefaßter Form in den
Normenbestand des Rentenüberleitungsgesetzes (Art. 2 RÜG) aufgenommen worden. Stellt ein Rentenversicherter aus Ostdeutschland in
der Zeit bis zum 31. Dezember 1996 einen Rentenantrag, ist seine
Rente zweifach zu berechnen: Sie ist einmal nach den Bestimmungen
des Sozialgesetzbuches und zum anderen nach den Vorschriften des
noch fortgeltenden und veränderten DDR-Rentenrechts zu ermitteln.

Bei der Berechnung nach DDR-Rentenrecht sind auch die Rentenangleichung zum 1. Juli 1990 und die Rentenanpassungen (Rentenerhöhungen), die danach bislang in halbjährigem Abstand erfolgten, bis zum Stand vom 31. Dezember 1991 einzubeziehen.

Durch diese Vergleichsberechnung soll herausgefunden werden, welche Leistung die höhere ist, ob es die nach SGB VI berechnete Rente oder die nach fortgeltendem DDR-Rentenrecht festgestellte Rente ist. Die höhere Rente ist zu zahlen.

117 Die rechtliche Ausgestaltung des Vertrauensssschutzes für den bezeichneten Zeitraum ist noch einmal in zwei Phasen zu unterteilen:

118 Die **erste Phase** ist der Zeitabschnitt vom 1. Januar 1992 bis zum 31. Dezember 1993. Sollte die Vergleichsberechnung ergeben, daß die nach fortgeltendem DDR-Recht berechnete Rente die höhere ist, weist der Rentenbescheid in dieser Phase neben dem Anteil der Rente, der nach dem Sozialgesetzbuch berechnet wurde, einen Betrag aus, der als „Rentenzuschlag" bezeichnet wird (§ 319a SGB VI). Der Rentenzuschlag weist den Unterschiedsbetrag zwischen der nach dem Sozialgesetzbuch berechneten (niedrigeren) Rente und der nach dem noch anzuwendenden DDR-Recht bestimmten (höheren) Rente aus.

Der Rentenzuschlag kann daher mit dem Auffüllbetrag (Rz. 111 ff.) bei den zum 1. Januar 1992 bestehenden Renten verglichen werden, und er unterliegt der gleichen Behandlung wie der Auffüllbetrag. Er wird, einmal berechnet, ebenfalls bis zum Ende des Jahres 1995 in unveränderter Höhe gezahlt. Der Rentenzuschlag unterliegt gleichfalls nicht den Rentenanpassungen (Rentenerhöhungen), die in Ostdeutschland bisher jeweils zum 1. Januar und 1. Juli eines jeden Jahres stattgefunden haben. Nur der nach SGB VI berechnete Betrag unterliegt der Dynamisierung.

Auch der Rentenzuschlag wird wie der Auffüllbetrag mit Beginn des Jahres 1996 stufenweise abgeschmolzen. Dies erfolgt in der Weise, daß mit jeder Rentenanpassung (Rentenerhöhung) eine Kürzung um ein Fünftel dieses Betrages, mindestens aber um 20 DM vorgenommen wird. Allerdings darf durch dieses Abschmelzen der zum 1. Januar 1996 gezahlte Rentenbetrag nicht verringert werden. Die Kürzung von Auffüllbetrag bzw. Rentenzuschlag muß also jeweils durch die Rentenerhöhung aufgefangen werden.

Die **zweite Phase** betrifft den Rentenbeginn in den Jahren 1994, 1995   119
und 1996. Für diesen Zeitraum gilt, daß eine nach DDR-Recht berechnete Rente (mit dem Stand vom 31. Dezember 1991) als höhere bis
zum Ende des Jahres 1996 **unverändert** gezahlt wird. Auch hierbei
erfolgt dies in Form der Zahlung des Differenzbetrages zwischen
SGB VI-Rente und DDR-Rente, der als „**Übergangszuschlag**" bezeichnet wird (§ 319b SGB VI). Bei jeder Rentenanpassung ist aber zu vergleichen, ob die SGB VI-Rente die DDR-Rente eingeholt oder überholt hat. Ist dies der Fall, fällt die DDR-Rente weg.

Für den Rentenbezieher sind die Regelungen für die zweite Phase
gegenüber der ersten schlechterstellend, denn es gibt keine Rentenerhöhungen des einmal in dieser Phase berechneten Rentenbetrages,
solange nicht die SGB VI-Rente als die höhere die DDR-Rente ablöst.
In der ersten Phase hingegen unterliegt der nach dem Sozialgesetzbuch
berechnete Rentenanteil den regelmäßigen Rentenanpassungen.

Welche Personen erhalten Vertrauensschutz?

Dieser Personenkreis ist von der Zielsetzung her beschränkt auf diejeni-   120
gen, die Anspruchsvoraussetzungen nach vorherigem DDR-Recht erfüllen. Eine **erste** Voraussetzung ist, daß diese Personen an einem Stichtag, das ist der 18. Mai 1990, ihren Wohnsitz oder gewöhnlichen Aufenthalt in der DDR hatten (§ 1 Art. 2 Abs. 1 Nr. 2 RÜG).

Diese Personen haben diesen Anspruch **zweitens** auch nur solange,
wie sie ihren gewöhnlichen Aufenthalt im Gebiet der Bundesrepublik
haben (Art. 2 § 1 Nr. 2 RÜG). Ein Umzug des Rentenversicherten von
Ost- nach Westdeutschland in diesem Zeitraum beeinträchtigt nicht
den Rentenanspruch nach dem DDR-Rentenrecht. Er ist aber dann verloren, wenn ein Umzug ins Ausland erfolgt. In diesem Falle besteht
dann ein Rentenanspruch ausschließlich nach dem Sozialgesetzbuch.

Der Anspruch besteht **drittens** auch nur, darauf wurde schon hingewiesen (Rz. 118) bei einem Rentenbeginn in der Zeit vom 1. Januar 1992
bis 31. Dezember 1996.

Rentenarten aus früherem DDR-Recht

121 Vertrauensschutz bewirkt zweierlei. Er kann, wie schon angemerkt wurde, für die Rentenhöhe bedeutsam sein. Vor allem sind es wohl die Bestimmungen über die Mindestrenten, die in der Vergleichsberechnung zu den SGB VI-Renten zu einem höheren Zahlbetrag führen. Vertrauenschutz bedeutet aber auch, die Rentenarten aus der DDR bis Ende 1996 anzuwenden. Dies kann überhaupt Bedeutung für die **Rentenberechtigung** haben, also dazu führen, daß ein Rentenanspruch nur nach dem fortgeltenden DDR-Recht besteht. Dieses Recht kennt folgende Rentenarten (Art. 2 § 2 RÜG):

1. Renten wegen Alters:

– Altersrente und Zusatzaltersrente
– Bergmannsaltersrente und -zusatzaltersrente
– Bergmannsvollrente

2. Renten wegen verminderter Erwerbsfähigkeit:

– Invalidenrente und Zusatzinvalidenrente
– Bergmannsinvalidenrente und Zusatzinvalidenrente
– Bergmannsrente
– Invalidenrente für Behinderte

3. Renten wegen Todes:

– Witwen- oder Witwerrente und Zusatzwitwen- oder Zusatzwitwerrente
– Bergmannswitwen- oder -witwerrente und Zusatzrente
– Übergangshinterbliebenenrente und Zusatzhinterbliebenenrente
– Unterhaltsrente
– Waisenrente und Zusatzwaisenrente

Altersrenten

122 Die Altersrente können Männer erhalten, wenn sie das 65. Lebensjahr, und Frauen, wenn sie das 60. Lebensjahr vollendet haben. Außerdem muß eine Wartezeit von 15 Jahren zurückgelegt sein (Art. 2 § 4 RÜG).

Die Wartezeit füllen Zeiten einer versicherungspflichtigen Tätigkeit (vor allem sind dies die Zeiten der Pflichtmitgliedschaft zur Sozialversicherung aus der DDR) und Zeiten der freiwilligen Versicherung.

Für Frauen, die drei und mehr Kinder geboren haben, wird für jedes Kind ein Jahr für die Wartezeit angerechnet. Hat eine Frau fünf und mehr Kinder geboren, gilt die Wartezeit als erfüllt; sie ist damit berechtigt, mit Vollendung des 60. Lebensjahres eine Altersrente in Anspruch zu nehmen. Alle Altersrentner dürfen nach dem weitergeltenden DDR-Recht unbegrenzt hinzuverdienen.

Voraussetzung für die Berechnung einer Zusatzaltersrente ist lediglich, daß Zeiten der Zugehörigkeit zur Freiwilligen Zusatzrentenversicherung (FZR) zurückgelegt worden sind und das Alter von 65 Jahren für Männer und von 60 Jahren für Frauen erreicht worden ist.

Invalidenrenten

Der Anspruch auf Invalidenrente setzt zunächst das Vorliegen von 123 Invalidität voraus.

Invalide ist eine Person, wenn ihr Leistungsvermögen wegen Krankheit, Unfall oder sonstiger Schädigung in einem solchen Maße beeinträchtigt ist, daß der Verdienst um mindestens zwei Drittel im Vergleich zu gesunden Versicherten im Beitrittsgebiet gemindert ist (Art. 2 § 7 RÜG).

Außerdem ist vorauszusetzen, daß die Minderung des Leistungsvermögens in absehbarer Zeit nicht durch Heilbehandlung behoben werden kann.

Personen, die nach den am 30. Juni 1990 geltenden Bestimmungen die Voraussetzungen für den Bezug von Blindengeld oder Sonderpflegegeld erfüllen, gelten auch als invalide.

Eine Verdienstminderung auf das Lohndrittel kann in folgenden Fällen vorliegen:

– der Verdienst liegt unter einem Drittel des Arbeitsentgelts, das der Versicherte vor dem Eintritt der Invalidität erzielt hat;

– die Verdienstsumme überschreitet diesen Betrag, aber im Vergleich mit dem Arbeitsentgelt eines gesunden Versicherten im Beitrittsgebiet wird ein Drittel dieses Betrages unterschritten;

– pauschal gilt, daß das Lohndrittel nicht überschritten ist, wenn ein Arbeitsverdienst von nicht mehr als 400 DM erreicht wird.

Die Einkommensgrenze zur Feststellung der Invalidität ist somit auch gleichzeitig die Hinzuverdienstgrenze. Wird sie mit Arbeitsverdiensten überschritten, liegt Invalidität nicht mehr vor, und die Rentenberechtigung entfällt.

Außer dem Vorliegen der Invalidität müssen weitere versicherungsrechtliche Voraussetzungen für den Anspruch auf Invalidenrente erfüllt sein:

– die allgemeine Wartezeit von 15 Jahren ist mit Zeiten einer versicherungspflichtigen Tätigkeit erfüllt worden;

– wurde diese Wartezeit nicht erfüllt, ist zu prüfen, ob in einem Zeitraum einer mindestens 5jährigen ununterbrochenen versicherungspflichtigen Tätigkeit oder freiwilligen Rentenversicherung oder innerhalb von 2 Jahren danach, Invalidität eingetreten ist;

– schließlich kann auch invalidenrentenberechtigt sein, wer in der Zeit ab Vollendung des 16. Lebensjahres bis zum Eintritt der Invalidität mindestens die Hälfte mit Zeiten einer versicherungspflichtigen Tätigkeit gefüllt hat.

Für den Anspruch auf die Zusatzinvalidenrente wird lediglich gefordert, daß außer der Invalidität eine Mitgliedschaft zur FZR bestanden hat.

Nach dem noch fortgeltenden DDR-Recht besteht ein Anspruch auf eine Invalidenrente auch für Personen, die wegen ihrer Behinderung keine versicherungspflichtige Tätigkeit aufnehmen konnten. Sie können die Invalidenrente für Behinderte (Art. 2 § 10 RÜG) erhalten, eine Rente, die es nach dem SGB VI nicht gibt.

Der Anspruch auf diese Rente besteht frühestens ab vollendetem 18. Lebensjahr, wenn wegen Invalidität eine Erwerbstätigkeit nicht aufgenommen werden konnte und wenn berufsfördernde Leistungen zur Rehabilitation nicht möglich sind oder doch genutzt werden und das dabei erzielte Einkommen 400 DM nicht übersteigt.

> **Praxishinweis:** *Die Invalidenrente für Behinderte beträgt 330 DM monatlich. Da auf sie kein Anspruch nach SGB VI möglich ist, besteht sie vollständig aus einem Auffüllbetrag bzw. Rentenzuschlag, der nicht anpassungsfähig (dynamisierbar) ist.*

Hinterbliebenenrenten

Witwen und Witwer können, wenn der Verstorbene zum Zeitpunkt seines Todes und sie selbst bestimmte Voraussetzungen erfüllen, Anspruch auf eine Witwen- oder Witwerrente haben (Art. 2 § 11 RÜG). 124

Der verstorbene Ehegatte mußte

– bereits die versicherungsrechtlichen Voraussetzungen zum Bezug einer Rente erfüllt, d. h. die Wartezeit für eine Alters- oder Invalidenrente zurückgelegt haben (dies ist natürlich immer der Fall, wenn er bereits zum Todeszeitpunkt eine Rente bezogen hat);

– außerdem bis zu seinem Ableben die finanziellen Aufwendungen für die Familie überwiegend erbracht haben. (Diese Voraussetzung gilt dann als erfüllt, wenn der durchschnittliche monatliche Verdienst im letzten Jahr oder in den letzten 10 bzw. 20 Jahren höher war als des Ehepartners. Das gilt auch dann, wenn der Verdienst des überlebenden Ehepartners höher war, aber der Mehrverdienst nicht mehr als 50 % der Kosten für Miete, Heizung, Energie betrug.)

Die Witwe oder der Witwer, die nicht wieder geheiratet haben, müssen

– die Regelaltersgrenze erreicht haben (Frauen das 60., Männer das 65. Lebensjahr) oder

– selbst invalide sein oder

– ein Kind unter 3 Jahren oder zwei Kinder unter 8 Jahren haben.

Der Monatsbetrag bei Witwen- oder Witwerrenten beträgt 60 % der Rente des Verstorbenen, auf die dieser Anspruch hatte oder bei Invalidität gehabt hätte (Art. 2 § 28 Abs. 4 RÜG). Die Mindestrente für Witwen oder Witwer beträgt 330 DM.

Hat der Verstorbene Zeiten in der FZR zurückgelegt, besteht Anspruch auf die Zusatzwitwen- oder Zusatzwitwerrente ebenfalls in Höhe von 60 % einer Zusatzrente des Verstorbenen (Art. 2 § 37 Abs. 2 RÜG). Hierbei besteht nicht das Erfordernis des überwiegenden Familienunterhalts durch den Verstorbenen.

> **Praxishinweis:** *Ist ein Anspruch auf eine Witwen- oder Witwerrente deshalb nicht begründet, weil der Verstorbene nicht überwiegend zum Familienunterhalt beigetragen hat, empfiehlt es sich dennoch, einen Antrag auf die Zusatzwitwen- oder Zusatzwitwerrente zu stellen, weil diese Rente dann unabhängig von der Witwen- oder Witwerrente zu zahlen ist. Die Beitragszahlungen des Verstorbenen zur FZR gehen insofern nicht verloren.*

125 Eine besondere Form der Witwen- oder Witwerrente ist die **Übergangshinterbliebenenrente** (Art. 2 § 13 RÜG), die dann beansprucht werden kann, wenn die Witwe oder der Witwer die persönlichen Voraussetzungen für die Witwen- oder Witwerrente nicht erfüllen (sie haben die Regelaltersgrenze noch nicht erreicht, sind im übrigen nicht invalide und haben auch keine Kinder in dem geforderten Alter).

Die Übergangshinterbliebenenrente wird für die Dauer von 2 Jahren nach dem Tod des Ehegatten, längstens bis zum Erreichen des Rentenalters durch die Witwe oder den Witwer gezahlt. Wird das Rentenalter im 3. Jahr nach dem Tod des Ehegatten erreicht, wird diese Rente auch über die Frist von 2 Jahren hinaus bis zu diesem Zeitpunkt gezahlt.

Die in der Person des Verstorbenen geforderten Voraussetzungen (Wartezeit und überwiegender Familienunterhalt, vgl. Rz. 124) müssen auch hier vorliegen. Die Höhe der Übergangshinterbliebenenrente beträgt 270 DM monatlich. Hat der Verstorbene Zeiten in der FZR zurückgelegt, besteht auch ein Anspruch auf eine Zusatzübergangshinterbliebenenrente.

126 Eine weitere besondere Hinterbliebenenrente ist die **Unterhaltsrente** (Art. 2 § 14 RÜG), die an den früheren geschiedenen Ehegatten zu zahlen ist, wenn der Unterhaltsanspruch gerichtlich festgelegt worden war und der unterhaltspflichtige frühere Ehegatte verstorben ist. Der Verstorbene muß selbst die Voraussetzungen für den Bezug einer Rente

erfüllt haben, und der Unterhaltsberechtigte muß die Bedingungen für den Bezug einer Witwen- oder Witwerrente erfüllen und entweder keine Rente aus der Kriegsopferversorgung oder keine von der Unfallversicherung oder eine Rente von weniger als 330 DM erhalten.

Diese Rente wird in der Höhe des gerichtlich festgelegten Unterhaltsbetrages gezahlt, höchstens aber im Betrag von 330 DM.

Die leiblichen oder an Kindes statt angenommenen Kinder haben einen Anspruch auf Waisenrente (Art. 2 § 15 RÜG), und zwar auf Halbwaisenrente, wenn noch ein Elternteil lebt, auf Vollwaisenrente, wenn die Eltern verstorben sind.

Der Anspruch auf Waisenrente besteht
- mindestens bis zur Vollendung des 16. Lebensjahres;
- bis zur Vollendung des 18. Lebensjahres, wenn aus gesundheitlichen Gründen ein Ausbildungs- oder Arbeitsverhältnis nicht angetreten werden konnte;
- bis zu Vollendung des 25. Lebensjahres, wenn eine Schulausbildung oder sich unmittelbar anschließende Lehrausbildung durchgeführt wird oder auch über dieses Alter hinaus bei sich anschließendem Studium bis zu 12 Semestern (unter bestimmten Voraussetzungen).

Halbwaisen erhalten 30 %, Vollwaisen 40 % der Rente des Verstorbenen, mindestens aber 165 bzw. 220 DM. Eine Einkommensanrechnung erfolgt im Gegensatz zu den SGB VI-Waisenrenten ab 18. Lebensjahr nicht. Auch hier kann bei FZR-Mitgliedschaft des Verstorbenen eine Zusatzwaisenrente in Anspruch genommen werden.

Praxishinweis: *Die Hinterbliebenenrenten nach SGB VI, insbesondere die Witwen- und Witwerrenten, bieten zweifellos die günstigeren Zugangsvoraussetzungen (vgl. Rz 43ff.), dennoch sind die hier vorgestellten Hinterbliebenenrenten nach noch fortgeltendem DDR-Recht für die Berechtigten nicht uninteressant, denn im Gegensatz zu den SGB VI-Renten erfolgt bei diesen Renten keine Einkommensanrechnung.*

Sollte also wegen des erzielten Arbeitsentgelts die nach SGB VI berechnete Rente vollständig wegfallen oder erheblich gekürzt werden, kann gleichwohl noch die entsprechende Rente nach diesem fortgeltenden DDR-Recht in Betracht kommen.

Wie ist die Rente nach fortgeltendem DDR-Recht zu berechnen?

127 An dieser Stelle wird die Berechnung für die Rente der Sozialpflichtversicherung und für die Rente aus der FZR erläutert. Rentenberechnungen aus Zusatz- und Sonderversorgungssystemen werden weiter hinten vorgestellt (vgl. Rz. 138 ff.) Die Rente aus der Sozialpflichtversicherung setzt sich aus einem Betrag zusammen, der aus dem Festbetrag und dem Steigerungsbetrag gebildet wird (Art. 2 § 28 RÜG).

128 Der **Festbetrag** ist abhängig von der Zahl der Arbeitsjahre in unterschiedlicher Höhe festgelegt worden:

– bei weniger als 25 Arbeitsjahren	170 DM
– bei 25 bis 30 Arbeitsjahren	180 DM
– bei 30 bis 35 Arbeitsjahren	190 DM
– bei 35 bis 40 Arbeitsjahren	200 DM
– bei 40 und mehr Arbeitsjahren	210 DM.

129 Der **Steigerungsbetrag** wird errechnet, indem die Anzahl der Arbeitsjahre mit dem beitragspflichtigen Durchschnittsverdienst und mit einem Steigerungssatz multipliziert werden (Art. 2 § 30 RÜG).

130 **Arbeitsjahre** bestehen aus Zeiten einer beitragspflichtigen Tätigkeit und Zurechnungszeiten. Arbeitsjahre werden stets in vollen Jahren ausgewiesen. Mehr als sechs Monate gelten als volles Jahr.

Zeiten einer beitragspflichtigen Tätigkeit sind insbesondere Zeiten, in denen Versicherungspflicht zur Sozialversicherung (vor allem aufgrund eines Arbeitsverhältnisses) bestanden hat.

131 Außerdem gelten als Zeiten einer beitragspflichtigen Tätigkeit auch bestimmte andere Zeiten, in denen weder Versicherungs- noch Beitragspflicht bestanden hat. Diese Zeiten sind in einem recht umfangreichen Katalog (Art. 2 § 19 Abs. 2 bis 4 RÜG) aufgeführt. Dazu gehören u.a.:

– Zeiten der Ableistung der Wehr- oder Zivildienstpflicht,
– Mitgliedschaftszeiten in einer LPG vor dem 1. März 1959,
– Zeiten der Schulausbildung, Lehre, eines Direktstudiums ab dem 16. Lebensjahr,
– Zeiten des Ausscheidens und Fernhaltens von einer versicherungspflichtigen Tätigkeit wegen politischer oder rassistischer Gründe während des Nationalsozialismus,

- Zeiten des Bezugs von Krankengeld wegen Arbeitsunfähigkeit, Schwangerschafts- und Wochengeld, Mütterunterstützung und Unterstützung zur Pflege erkrankter Kinder,
- Zeiten des Militärdienstes vor dem 8. Mai 1945 und einer sich anschließenden Kriegsgefangenschaft oder Internierung,
- Zeiten, in denen während des Strafvollzugs ein Arbeitseinsatz erfolgte,
- Zeiten einer Tätigkeit in kirchlichen Einrichtungen der DDR, die aufgrund einer Vereinbarung zwischen diesen und dem Staat einer versicherungspflichtigen Tätigkeit gleichgestellt wurden,
- Zeiten vor dem 1. Januar 1997, in denen ein ständig pflegebedürftiger Familienangehöriger (Ehegatte, Kind, Eltern, Geschwister) betreut wurde.

Zurechnungszeiten (Art.2 § 20 RÜG) sind Monate oder Jahre, die den 132 tatsächlich geleisteten Arbeitsjahren als Ausgleich für Fehlzeiten hinzugerechnet werden. Hierbei handelt es sich um folgende Zeiten:

- Zeiten der Arbeitslosigkeit im Beitrittsgebiet, für die Pflichtbeiträge nicht entrichtet worden sind,
- 1 bis 5 Jahre für Frauen, wenn sie zwischen 20 bis 40 und mehr Jahre einer versicherungspflichtigen Beschäftigung nachgegangen sind. Kann z. B. eine Frau 38 Arbeitsjahre nachweisen, sind ihr 4 Jahre hinzuzurechnen, und sie kommt für die Rentenberechnung auf 42 Arbeitsjahre,
- Zeiten für Frauen mit Kindern. Fraue, die ein oder 2 Kinder geboren haben, erhalten für jedes Kind ein Jahr Zurechnungszeit angerechnet. Frauen, die 3 und mehr Knder geboren haben, weden für jedes Kind 3 Jahre Zurechnungszeit angerechnet,
- Zeiten des Bezugs einer Invalidenrente bzw die Zeit vom Beginn der Zahlung der Invalidenrente bis zum 65. Lebensjahr bei Invalidenrentnern.

Die Zurechnungszeit wird nur insoweit angerechnet, als die versicherungspflichtige Tätigkeit und die Zurechnungszeit bei Männern wie Frauen insgesamt 50 Jahre nicht überschreiten (Art. 2 § 20 Abs. 2 RÜG). Von einer derartigen Kürzung sind allerdings Frauen ausgenommen, die 3 und mehr Kinder geboren haben.

Der **beitragspflichtige Durchschnittsverdienst** wird aus dem beitags- 133 pflichtigen Einkommen der letzten 20 Jahre vor Beendigung der letzten versicherungspflichtigen Tätigkeit errechnet. Die (beitragspflichtige) Gesamtverdienstsumme der 20 Jahre wird durch die Anzahl der beitragspflichtigen Monate in diesem Zeitraum geteilt (Art. 2 § 31 RÜG).

134 Der Steigerungssatz (Art. 2 § 32 RÜG) beträgt für jedes Arbeitsjahr 1 %, für mindestens 10jährig Beschäftigte im Gesundheits- und Sozialwesen, bei der Post, Reichsbahn und bei anderen Einrichtungen 1,5 %, bei Bergmannsrenten 2 %.

Beispiel:

Die Rentenantragstellerin Renate S., Neubrandenburg, kann 31 Jahre versicherungspflichtiger Tätigkeit nachweisen. Sie ist Mutter von 2 Kindern. Der für sie berechnete monatliche Durchschnittsverdienst der letzten 20 Jahre vor dem Ende ihres letzten Arbeitsverhältnisses beträgt 530 Mark.
Ihre Rente berechnet sich wie folgt:

– Festbetrag	*= 190,– DM*
– Steigerungsbetrag (31 Arbeitsjahre + 2 Jahre Zurechnungszeit für 2 geborene Kinder + 3 Jahre Zurechnungszeit als langjährig beschäftig Frau = 36 Arbeitsjahre)	
36 Arbeitsjahre × 1 % Steigerungssatz = 36 %	
36 % von 530 Mark	*= 190,80 DM*
– Gesamtbetrag der Rente	*= 380,80 DM.*

Mit diesem Betrag wird allerdings der für sie anzuwendende Mindestrentenbetrag, auf den sie Anspruch hat, unterschritten . Er beträgt für sie bei 36 Arbeitsjahren 410 DM. (Diese Berechnung entspricht dem Berechnungsstand vom 30. Juni 1990. Unberücksichtigt sind in dieser Beispielrechnung die Rentenangleichung zum 1. Juli 1990 und die danach erfolgten Rentenanpassungen bis zum Stand vom 31. Dezember 1991, vgl. Rz. 137ff.)

Mindestrente

135 Bei Alters- und Invalidenrenten wird ein Mindestrentenbetrag geleistet (Art. 2 § 34 RÜG). Er beträgt 330 DM, wenn der Anspruch nur aufgrund von Zeiten einer freiwilligen Rentenversicherung oder nur aufgrund der Wartezeiterfüllung durch Geburt von 5 und mehr Kindern besteht. Dies ist gewissermaßen die Mindestmindestrente, die auch als Invalidenrente für Behinderte gezahlt wird (vgl. Rz. 123).

Auch für Witwen- und Witwerrenten (vgl. Rz. 124 ff.) beträgt die Mindestrente 330 DM, für Halbwaisen 165 DM und für Vollwaisen 220 DM.

Bei den übrigen Rentenansprüchen ist der Mindestrentenbetrag abhängig von der Anzahl der Arbeitsjahre festgelegt worden:

340 DM bei 15 bis 20 Arbeitsjahren
350 DM bei 20 bis 25 Arbeitsjahren
370 DM bei 25 bis 30 Arbeitsjahren
390 DM bei 30 bis 35 Arbeitsjahren
410 DM bei 35 bis 40 Arbeitsjahren
430 DM bei 40 bis 45 Arbeitsjahren
470 DM bei 45 und mehr Arbeitsjahren.

Auf den Höchstbetrag einer Mindestrente von 470 DM haben auch Frauen Anspruch, wenn ihre allgemeine Wartezeit von 15 Jahren durch Zeiten einer versicherungspflichtigen Tätigkeit erfüllt wurde und sie 5 und mehr Kinder geboren oder vor Vollendung des achten Lebensjahres in ihren Haushalt aufgenommen haben.

Bei denjenigen Versicherten, die Beitragszahlungen zur **Freiwilligen Zusatzrentenversicherung** geleistet haben, ist der Zusatzrentenbetrag aus diesen Beitragsleistungen und der Zeitspanne, in der sie gezahlt worden sind, zu errechnen. Dieser Betrag wird zusätzlich zu der Leistung aus der Pflichtversicherung gezahlt. 136

Beitragszeiten zur FZR (Art. 2 § 24 RÜG) können ab 1. März 1971 bis 30. Juni 1990 entstanden sein.

Das sind zunächst Zeiten, in denen für das über 600 M im Monat liegende Arbeitsentgelt Beiträge zur FZR gezahlt worden sind. Außerdem zählen als Beitragszeiten bestimmte weitere Zeiten vom Beitritt zur FZR an wie Wehr- und Zivildienstzeiten, Zeiten eines Direktstudiums, das Babyjahr u. a.

Zurechnungszeiten zur FZR (Art. 2 § 25 RÜG) sind lediglich Zeiten des früheren Bezugs einer Zusatzinvalidenrente und die Zeiten vom Eintritt der Invalidität bis zur Vollendung des 65. Lebensjahres bei der Zusatzinvalidenrente, wenn der Versicherte nicht vor der Feststellung der Invalidität aus der FZR ausgetreten ist.

Der Monatsbetrag der Zusatzrente ist ein bestimmter Prozentsatz des Einkommens, für das FZR-Beiträge entrichtet worden sind (Art. 2 § 37

RÜG). Der Prozentsatz beträgt für jedes volle Jahr der FZR-Zugehörig-keit 2,5 % , für jeden verbleibenden Monat 0,2 % des durch Beiträge „versicherten Durchschnittseinkommens".

Dieses versicherte Durchschnittseinkommen wird ermittelt, indem das Gesamteinkommen, für das FZR-Beiträge gezahlt wurden, durch die Anzahl der Kalendermonate mit Beitragszeiten zur FZR geteilt wird.

Beispiel:

Der Rentenantragsteller Erich P., Pirna, hatte zum 1. Januar 1984 seinen Beitritt zur FZR erklärt, und seitdem wurden bis Juni 1990 Beiträge zur FZR berechnet und gezahlt. Das Arbeitsentgelt betrug monatlich zwischen 750 und 900 M. Für jedes Jahr wurde im Ausweis für Arbeit und Sozialversicherung gesondert die Lohnsumme ausgewiesen, für die Beiträge zur FZR gezahlt worden sind. Ihre Addition ergibt den Gesamtbetrag von 22 932 Mark.
Die Zeit der Zugehörigkeit zur FZR vom 1. Januar 1984 bis 30. Juni 1990 beträgt 6 Jahre und 6 Monate, also insgeamt 78 Kalendermonate. Das Gesamteinkommen ist durch die Anzahl der Kalendermonate zu teilen (22 932 : 78 = 294 M). Die 294 M stellen das versicherte Durchschnittseinkommen dar.Die weitere Berechnung ergibt den Betrag zu der Zusatzrente mit dem Stand 30. Juni 1990:

294 M × 6 Jahre × 2,5 %	*= 44,10 M*
294 M × 6 Monate × 0,2 %	*= 3,53 M*
Summe	*= 47,63 M*

Gerundet beträgt die Zusatzrente 48 M.

Anpassung der DDR-Rente auf den Stand vom 31. Dezember 1991

137 Die obigen Erläuterungen zur Berechnung einer Rente nach dem fort-geltenden DDR-Recht ermöglichen eine Berechnung mit dem Stand vom 30. Juni 1990. Der auf diese Weise festgestellte Rentenbetrag wird aber nicht für den Vergleich mit der SGB VI-Rente herangezo-gen, sondern die auf den Stand vom 31. Dezember 1991 angepasste Rente.

Die Vergleichsberechnung der DDR-Rente zur SGB VI-Rente ist also in zwei Schritten zu vollziehen. Im ersten Schritt ist die Berechnung nach dem Stand vom 30. Juni 1990 vorzunehmen, und im zweiten Schritt ist die Anpassung des im ersten Schritt festgestellen Rentenbetrages auf den Stand vom 31. Dezember 1991 zu berechnen. Diese Berechnungen sind bei jedem Rentenantrag bis zum Ende des Jahres 1996 vorzunehmen.

Die Berechnung nach dem Stand der Rentenangleichung und Rentenanpassung zum 31. Dezember 1991 erfolgt durch die Multiplikation von zwei Faktoren mit dem Rentenbetrag nach dem Stand vom 30. Juni 1990 (Art. 2 § 39 RÜG):

Der **erste Faktor** (für die Rentenangleichung) ist ein Prozentsatz aus einer Tabelle (Anlage zu Art. 2 § 39 RÜG), der abhängig von der Anzahl der Arbeitsjahre und dem Jahr des Rentenbeginns (zurückliegend für die einzelnen Jahre bis 1970 und pauschal für früher) für die Erhöhung festgelegt ist. Da bei dem Beginn einer Alters- oder Invalidenrente zwischen dem 1. Januar 1992 und 31. Dezember 1996 die Rente auf dem Stand vom 31. Dezember 1991 zu berechnen ist, sind hier aus der umfangreichen Tabelle lediglich die Werte für den Rentenbeginn im 2. Halbjahr 1991 wiedergegeben:

Arbeitsjahre	%
51 (und mehr)	14,18
50	13,13
49	11,89
48	10.79
47	9,50
46	8,35
45	7,01
44	5,81
43	4,41
42	3,16
41	1,71
40	0,39
39	0,59
38 (und weniger)	0,00

Der **zweite Faktor** (für die Rentenanpassung) ist der Wert 1,3225.

Beispiel:

a) Renate S. (obiges Berechnungsbeispiel Rz. 134)) hat mit 36 Arbeitsjahren Anspruch auf die Mindestrente von 410 M. Die Anpassung auf den Stand vom 31. Dezember 1991 ist wie folgt zu berechnen:

– *Faktor für die Angleichung (bei 36 Arbeitsjahren nach obiger Tabelle): 0*
– *Faktor für die Anpassung: 1,3225*
    410 × 1,3225 = 542,23 DM
Die Rente mit dem Stand vom 31. Dezember 1991 beträgt also 542,23 DM.
b) Waldemar B., Suhl, kommt auf 48 Arbeitsjahre. Die für ihn errechnete Rente zum Stand vom 30. Juni 1990 weist den Betrag von 496 M aus. Die Anpassungsberechnung zum 31. Dezember 1991 führt zu folgendem Betrag:
– *Faktor für die Angleichung (nach obiger Tabelle): 10,79 %*
    496 × 10,79 % = 53,52 DM
    Angleichungsbetrag = 549,52 DM
– *Faktor für die Anpassung: 1,3225*
    549,52 × 1,3225 = 726,74 DM.
c) Herr Erich P., Pirna, (obiges Beispiel) hat Anspruch auf eine Zusatzaltersrente (FZR) von 48 M mit dem Stand vom 30. Juni 1990. Die Anpassungsberechnung ergibt folgenden Betrag:
– *Faktor für die Angleichung: 0*
– *Faktor für die Anpassung: 1,3225*
    48 × 1.3225 = 63,48 DM.
Der angepasste Betrag für die Zusatzaltersrente berträgt demzufolge für ihn 63,48 DM.

Was für Renten erhalten Personen, die in Zusatz- und Sonderversorgungssysteme der DDR einbezogen waren?

Grundsätzliches

Aus unterschiedlichen Ursachen und Motiven heraus wurden in der
DDR im Laufe der Jahre für eine größere Anzahl von Personengruppen ergänzend zu den Renten der Pflichtversicherung und der FZR Versorgungsleistungen durch staatliche und andere Stellen eingerichtet,
die mit der Rentenangleichung die Sammelbezeichnung „Zusatzversorgungssysteme" erhalten haben. Mit anderen Versorgungsleistungen
wurden die Renten der Sozialversicherung nicht ergänzt, sondern sind
an deren Stelle getreten. Dies sind die „Sonderversorgungssysteme",
die es ausnahmslos bei den bewaffneten Organen gab.

Auch in den Altbundesländern bestehen für vergleichbare Personengruppen besondere Versorgungssysteme, etwa für die Beamten und für
den öffentlichen Dienst. Neben der Einbeziehung in berufsständische
Versorgungswerke sind dort auch viele Arbeitnehmer in Systeme der
betrieblichen Altersversorgung aufgenommen worden. Sie erhalten,
wenn sie rentenberechtigt werden, nicht nur die Rente der gesetzlichen
Rentenversicherung, sondern auch eine zumeist nicht unbedeutende
Betriebsrente.

Im Zuge des deutschen Einigungsprozesses wurde entschieden,
Zusatz- und Sonderversorgungssysteme der DDR zu schließen und sie
nicht in die ihnen entsprechenden Systeme der Bundesrepublik zu übernehmen, sondern in die gesetzliche Rentenversicherung zu überführen.
Die früher in diese Systeme einbezogenen Personen sollten den Versicherten der Sozialversicherung der DDR grundsätzlich rechtlich gleichgestellt werden.

Über die Zusatzversorgungssysteme, ihre Anzahl und Ausgestaltung,
die Beitragsverpflichtung und das Versorgungsniveau war in der DDR

138

wenig bekannt. Nur über einige Systme (zumeist die älteren aus den 50er Jahren) wurden die Regelungen im Gesetzblatt der DDR veröffentlicht. Die Systeme waren nicht nach einheitlichlichen Grundsätzen eingerichtet worden. Sie unterschieden sich z. T. erheblich im Hinblick auf einzuzahlende Beiträge und auch hinsichtlich der Versorgungsleistungen. Erst die BfA, der gegenüber dann im Einigungsprozeß Versorgungsleistungen geltend zu machen waren, konnte sich einen genaueren Überblick verschaffen und zählte 63 Systeme. Die 63 Systeme sind im Anspruchs- und Anwartschaftsüberführungsgesetz (AAÜG), das in Art. 3 RÜG aufgenommen wurde, zu 27 Systemen zusammengefaßt worden. Das AAÜG enthält die Vorschriften für die Überführung dieser Systeme in die gesetzliche Rentenversicherung und folgt dabei der Maßgabe des Einigungsvertrages, ungerechtfertigte Leistungen abzuschaffen und überhöhte Leistungen abzubauen.

139 Nach dem AAÜG (Anlage 1) wurden die folgenden 27 Zusatzversorgungssysteme überführt:

1. Zusätzliche Altersversorgung der technischen Intelligenz, eingeführt mit Wirkung vom 17. August 1950.

2. Zusätzliche Altersversorgung der Generaldirektoren der zentral geleiteten Kombinate und ihnen gleichgestellter Leiter zentral geleiteter Wirtschaftsorganisationen, eingeführt mit Wirkung vom 1. Januar 1986.

3. Zusätzliche Altersversorgung für verdienstvolle Vorsitzende von Produktionsgenossenschaften und Leiter kooperativer Einrichtungen der Landwirtschaft, eingeführt mit Wirkung vom 1. Januar 1988.

4. Altersversorgung der Intelligenz an wissenschaftlichen, künstlerischen, pädagogischen und medizinischen Einrichtungen, eingeführt mit Wirkung vom 12. Juli 1951.

5. Altersversorgung der wissenschaftlichen Mitarbeiter der Akademie der Wissenschaften zu Berlin und der Deutschen Landwirtschaftsakademie zu Berlin, eingeführt mit Wirkung vom 1. August 1951 bzw. 1. Januar 1952.

6. Altersversorgung der Ärzte, Zahnärzte, Apotheker und anderer Hochschulkader in konfessionellen Einrichtungen des Gesund-

heits- und Sozialwesens, eingeführt mit Wirkung vom 1. Januar 1979.

7. Freiwillige zusätzliche Versorgung für Ärzte, Zahnärzte, Apotheker und andere Hochschulkader in konfessionellen Einrichtungen des Gesundheits- und Sozialwesens, eingeführt mit Wirkung vom 1. Juli 1988.

8. Freiwillige zusätzliche Versorgung für Ärzte, Zahnärzte, Apotheker und andere Hochschulkader in staatlichen Einrichtungen des Gesundheits- und Sozialwesens einschließlich der Apotheker in privaten Apotheken, eingeführt mit Wirkung vom 1. Juli 1988.

9. Altersversorgung der Ärzte und Zahnärzte in eigener Praxis, eingeführt mit Wirkung vom 1. Januar 1959.

10. Altersversorgung der Ärzte und Zahnärzte in privaten Einrichtungen des Gesundheitswesens, eingeführt mit Wirkung vom 1. Januar 1959.

11. Freiwillige zusätzliche Versorgung für Tierärzte und andere Hochschulkader in Einrichtungen des staatlichen Veterinärwesens, eingeführt mit Wirkung vom 1. Juli 1988.

12. Altersversorgung der Tierärzte in eigener Praxis, eingeführt mit Wirkung vom 1. Januar 1959.

13. Zusätzliche Versorgung der künstlerisch Beschäftigten des Rundfunks, Fernsehens, Filmwesens sowie des Staatszirkus der DDR und des VEB Deutsche Schallplatte, eingeführt mit Wirkung vom 1. Januar 1986.

14. Zusätzliche Versorgung der künstlerisch Beschäftigten in Theatern, Orchestern und staatlichen Ensembles, eingeführt mit Wirkung vom 1. Januar 1986.

15. Zusätzliche Versorgung für freiberuflich tätige Mitglieder des Schriftstellerverbandes der DDR, eingeführt mit Wirkung vom 1. Januar 1988.

16. Zusätzliche Altersversorgung für freischaffende bildende Künstler, eingeführt mit Wirkung vom 1. Januar 1989.

17. Zusätzliche Altersversorgung der Ballettmitglieder in staatlichen Einrichtungen, eingeführt mit Wirkung vom 1. September 1976.

18. Zusätzliche Versorgung der Pädagogen in Einrichtungen der Volks- und Berufsbildung, eingeführt mit Wirkung vom 1. September 1976.

19. Freiwillige zusätzliche Altersversorgung für hauptamtliche Mitarbeiter des Staatsapparates, eingeführt mit Wirkung vom 1. März 1971.

20. Freiwillige zusätzliche Altersversorgung für hauptamtliche Mitarbeiter der Gesellschaft für Sport und Technik, eingeführt mit Wirkung vom 1. August 1973.

21. Freiwillige zusätzliche Altersversorgung für hauptamtliche Mitarbeiter gesellschaftlicher Organisationen, eingeführt mit Wirkung vom 1. Januar 1972.

22. Freiwillige zusätzliche Funktionärsunterstützung für hauptamtliche Mitarbeiter der Gewerkschaft FDGB, eingeführt, mit Wirkung vom 1. April 1971.

23. Freiwillige zusätzliche Altersversorgung für hauptamtliche Mitarbeiter der LDPD, eingeführt mit Wirkung vom 1. Oktober 1971.

24. Freiwillige zusätzliche Alterversorgung für hauptamtliche Mitarbeiter der CDU, eingeführt mit Wirkung vom 1. Oktober 1971.

25. Freiwillige zusätzliche Altersversorgung für hauptamtliche Mitarbeiter der DBD, eingeführt mit Wirkung vom 1. Oktober 1971.

26. Freiwillige zusätzliche Altersversorgung für hauptamtliche Mitarbeiter der NDPD, eingeführt mit Wirkung vom 1. Oktober 1971.

27. Freiwillige zusätzliche Altersversorgung für hauptamtliche Mitarbeiter der SED/PDS, eingeführt mit Wirkung vom 1. August 1968.

Die Systeme wurden mit Ausnahme der Zusatzversorgungssysteme der Parteien (Nr. 23 bis 27) zum 31. Dezember 1991 in die Rentenversicherung überführt. Die Überführung der Parteiensysteme erfolgte mit dem Rü-ErgG erst unlängst zum 30. Juni 1993. Dieses Gesetz hat die im AAÜG enthaltene Liste noch um ein weiteres System ergänzt. Anwartschaften und Ansprüche nach dem Pensionsstatut der Carl-Zeiss-Stiftung Jena können auf Antrag ebenfalls in die gesetzliche Rentenversicherung überführt werden.

Andere Betriebsrentensysteme, die es in der DDR auf der Grundlage einer Anordnung aus dem Jahre 1954 gab, wurden nicht in die Rentenversicherung übernommen. Etwaige Betriebsrentenansprüche von Mitarbeitern aus Treuhandbetrieben sind gegenüber der Treuhandanstalt geltend zu machen.

In die Rentenversicherung überführt wurden außerdem die folgenden Sonderversorgungssysteme (AAÜG Anlage 2):

1. Sonderversorgung der Angehörigen der Nationalen Volksarmee, eingeführt mit Wirkung vom 1. Juli 1957.

2. Sonderversorgung der Angehörigen der Deutschen Volkspolizei, der Organe der Feuerwehr und des Strafvollzugs, eingeführt mit Wirkung vom 1. Juli 1954.

3. Sonderversorgung der Angehörigen der Zollverwaltung der DDR, eingeführt mit Wirkung vom 1. November 1970.

4. Sonderversorgung der Angehörigen des Ministeriums für Staatssicherheit/Amtes für Nationale Sicherheit, eingeführt mit Wirkung vom 1. März 1953.

Die Überführung in die Rentenversicherung bedeutet, daß „Ansprüche" und „Anwartschaften" aus den Zusatz- und Sonderversorgungssystemen der DDR in solche gegenüber der Rentenversicherung, und zwar gegenüber nur einem Träger der Rentenversicherung, der BfA, umgewandelt wurden.

Überführung der Ansprüche

Als Ansprüche werden in der Rentenversicherung insbesondere die laufenden Rentenleistungen bezeichnet. Zum 1. Januar 1992 bzw. zum 1. Juli 1993 (Parteienrenten) sind die laufenden Renten der Sozialversicherung mit Zusatzversorgungsleisten und die Sonderversorgungsleistungen von der BfA in Berlin übernommen worden. Der bisherige Betrag der Rente gilt dabei bis zur „Kappungsgrenze" als besitzgeschützt. 140

Die Überführung von Zusatz- bzw. Sonderversorgungen war mit einer Neuberechnung verbunden, d.h. die Rente war bzw. ist nach den Vorschriften des SGB VI neu zu berechnen. Dieses Verfahren ist erforderlich, um eine „anpassungsfähige", d. h. dynamisierbare Rente zu erhalten, eine Rente also, deren Veränderung der Entwicklung der Arbeitsentgelte folgen kann.

Da die BfA sich außerstande sah, zum Stichtag 1. Januar 1992 sämtliche laufenden Renten, die Bestandsrenten, sofort individuell neu nach den Regelungen des SGB VI zu berechnen (insbesondere war dies aufgrund der unzureichenden Datenlage der Versicherten nicht möglich), eröffnete das RÜG einen Ausweg in Form einer zunächst durchzuführenden vorläufigen Neuberechnung. Das maschinelle Neuberechnungsverfahren (§ 307 b SGB VI Abs. 5 und 6) erfolgte bei den Zusatzversorgungen zusammen mit einer Rente der Sozialpflichtversicherung. Beide Leistungen führen zu einem einheitlichen Rentenbetrag nach den Vorschriften des SGB VI.

Praxishinweis: *Schrittweise erfolgt gegenwärtig die individuelle Neuberechnung, nachdem zum 1. Januar 1992 zunächst eine pauschale Berechnung vorgenommen worden war. Ein Anspruch darauf ist aber erst ab 1. Januar 1994 im Gesetz vorgesehen. Die individuelle Neuberechnung erfolgt rückwirkend für den Rentenbezug, längstens rückwirkend bis zum 1. Juli 1990. Führt die individuelle Berechnung dann zu einem niedrigeren Betrag, ist der bisherige Zahlbetrag solange weiterzuzahlen, bis die SGB VI-Rente ihn durch die Rentenanpassungen (periodische Rentenerhöhungen) überholt. Ist dagegen der nach der individuellen Berechnung festgestellte Betrag höher, besteht ein Nachzahlungsanspruch längstens bis zum 1. Juli 1990.*

Mitte 1993 hat die BfA an die Versicherten Fragebögen verschickt, um die für die endgültige Neuberechnung erforderlichen Daten zu erfassen. Sie hat dies mit der Aufforderung verbunden, die für die Neuberechnung erforderlichen Rentenunterlagen bereit zu halten und daran den Hinweis geknüpft, daß die Rentenberechnung auch ohne den Nachweis durchgeführt werden kann, wenn die Angaben im Fragebogen glaubhaft und schlüssig sind.

Die von der BfA angeschriebenen Rentenempfänger werden gestaffelt nach Geburtsjahrgängen aufgefordert, die Fragebögen und Unterlagen einzureichen. Die älteren Geburtsjahrgänge erhalten als erste diese Aufforderung. Werden die Unterlagen vor der Aufforderung eingereicht, führt dies nicht zu einer früheren Rentenberechnung.

Der Besitzschutz erstreckt sich auf den Zahlbetrag der Rente, auf die am 31. Dezember 1991 ein Anspruch bestand. Dieser Betrag war mit der pauschal zum 1. Januar 1992 neu berechneten Rente nach den Regelungen des SGB VI mit der Maßgabe zu vergleichen, den höheren Betrag zu zahlen. Der Besitzschutz besteht also in der Fortzahlung des Zahlbetrages der Rente vom 31. Dezember 1991 bis zu dem Zeitpunkt, zu dem die nach SGB VI pauschal oder individuell berechnete Rente diesen Zahlbetrag überholt, denn nur sie wird in den festgelegten Abständen angepasst.

Überführung der Anwartschaften

Mit dem Begriff Anwartschaft werden in der Rentenversicherung begrün- 141 dete Aussichten auf einen späteren Rentenanspruch bezeichnet. Die nachfolgend erläuterten Regelungen sind auch bei jeder individuellen Rentenfeststellung anzuwenden.

Sind Zeiten in einem Zusatz- oder Sonderversorgungssystem zurückgelegt worden, gelten sie als Pflichtbeitragszeiten der Rentenversicherung. Mit diesen Zeiten kann daher z. B. die Rentenberechtigung erreicht werden, denn mit ihnen können geforderte Wartezeiten zurückgelegt werden.

Grundsätzlich ist das tatsächlich erzielte Arbeitsentgelt oder Arbeitseinkommen der Rentenberechnung zugrunde zu legen, allerdings nur bis zu einem Höchstbetrag, nämlich dem der Beitragsbemessungsgrenze. Diese Grenze wird bei den Zusatz- und Sonderversorgten wie bei allen anderen Versicherten der Rentenversicherung angewendet. Die Werte der Beitragsbemessungsgrenze für die einzelnen Jahre sind in die Anlage 3 des AAÜG aufgenommen worden. (Es handelt sich um die mit dem Umrechnungsfaktor der Anlage 10 zum SGB VI rückgerechneten Beträge der Beitragsbemessungsgrenze [West] , die in der Anlage 2 SGB VI angegeben sind.)

Praxishinweis: *Sämtliche Werte in den Anlagen zum AAÜG sind zwar als DM-Beträge ausgewiesen, geben aber tatsächlich Beträge in Mark der DDR an. Will man den Monatsbetrag aus einer der angegebenen Jahresverdienstsummen errechnen, ist der angegene Wert durch 12 zu teilen, und man erhält den Monatsbetrag in Mark der DDR.*

Die Beitragsbemessungsgrenze ist so angelegt, daß sie etwa das 1,8fache des Durchschnittsverdienstes aller Versicherten ausweist.

Die Beitragsbemessungsgrenze der Sozialpflichtversicherung der DDR bleibt hier bei der Zuordnung der Bruttoarbeitsentgelte unbeachtlich.

Begrenzung des berücksichtigungsfähigen Einkommens

142 Außer der Begrenzung des Arbeitsverdienstes zur Rentenberechnung durch die Beitragsbemessungsgrenze für alle Versicherten nimmt das AAÜG weitere Begrenzungen der Arbeitsentgelte als Grundlage der Rentenberechnung für bestimmte Personengruppen aus der DDR vor.

Es hat dafür Gruppen von Personen festgelegt, die mit ihrer Tätigkeit einen gewichtigen Beitrag zur Erhaltung und Stärkung des politischen Systems der DDR geleistet haben. Gegenüber den bisherigen Festlegungen für solche Personengruppen im AAÜG hat das RÜ-ErgG erhebliche Veränderungen vorgenommen. Nunmehr handelt es sich um folgende Gruppen:

– Personen, die in die freiwillige zusätzliche Altersversorgung für hauptamtliche Mitarbeiter des Staatsapparates, der Gesellschaft für Sport und Technik, der gesellschaftlichen Organisationen und der Nationalen Front, des FDGB sowie der LDPD, der CDU, der DBD, der NDPD sowie der SED/PDS einbezogen waren,

> **Praxishinweis:** *Der Begriff „leitende Funktion", für die eine entsprechende Kürzung vorgesehen war, ist mit dem RÜ-ErgG aufgegeben worden. Nach der jetzigen Rechtslage ist das Ausmaß der Kürzung bei den in diese Systeme einbezogenen Personen allein von der Höhe ihres Arbeitsentgelts abhängig.*

– Generaldirektoren der zentral geleiteten Kombinate und ihnen gleichgestellte Leiter zentral geleiteter Wirtschaftsorganisationen, wenn sie in das entsprechende Zusatzversorgungssystem einbezogen waren,

– verdienstvolle Vorsitzende von Produktionsgenossenschaften und Leiter kooperativer Einrichtungen der Landwirtschaft, wenn sie ebenfalls in das entsprechende Versorgungssystem einbezogen waren,

- Betriebsdirektor, soweit diese Funktion nicht in einem Betrieb ausgeübt wurde, der vor 1972 in dessen Eigentum stand,
- Fachdirektor eines Kombinats auf Leitungsebene oder einer staatlich geleiteten Wirtschaftsorganisation,
- Direktor oder Leiter auf dem Gebiet der Kaderarbeit,
- Sicherheitsbeauftragter oder Inhaber einer entsprechenden Funktion, sofern sich die Tätigkeit nicht auf die technische Überwachung oder die Einhaltung von Vorschriften des Arbeitsschutzes in Betrieben und Einrichtungen der DDR bezog,
- hauptamtlicher Parteisekretär,
- Professor oder Dozent in einer Bildungseinrichtung einer Partei oder der Gewerkschaft FDGB,
- Richter oder Staatsanwalt,
- Inhaber einer hauptamtlichen Wahlfunktion auf der Ebene der Kreise, Städte, Stadtbezirke oder Gemeinden im Staatsapparat oder in einer Partei sowie Inhaber einer oberhalb dieser Ebene im Staatsapparat oder in einer Partei ausgeübten hauptamtlichen oder ehrenamtlichen Berufungs- oder Wahlfunktion,
- Personen, die in die Sonderversorgung des MdI, der NVA und des Zolls einbezogen waren.

Hauptamtliche Mitarbeiter von Banken, Sparkassen, der Versicherungen, der Sozialversicherung, des Feriendienstes, des Blinden- und Sehschwachenverbandes, des Bundes der Architekten, des DRK, des Gehörlosen- und Schwerhörigenverbandes, der Kammer der Technik, des Kulturbundes, der Volkssolidarität, der Wissenschaftlichen Gesellschaft für Veterinärmedizin, der Agrarwissenschaftlichen Gesellschaft, der Berufsfeuerwehr sowie Mitarbeiter in Druckereien und Verlagen außer den Leitern und Redakteuren der Zeitungen, Zeitschriften, Druckereien und Verlagen – das sind Einrichtungen, die in der Anlage 7 des AAÜG bezeichnet sind, – fallen nicht unter die nachfolgend erläuterten Kürzungsregelungen. Sollten auch sie allerdings eine der weiter oben bezeichneten Funktionen ausgeübt haben, z. B. hauptamtlicher Parteisekretär oder Leiter auf dem Gebiet der Kaderarbeit, erfolgt auch bei ihnen eine Begrenzung des zu berücksichtigenden Einkommens.

Schuldirektoren und Leiter von pädagogischen Einrichtungen im Bereich der Volks- und Berufsbildung sind von einer Einkommensbegrenzung für die Rentenberechnung nach dem RÜ-ErgG nicht mehr erfaßt.

Höhe des zu berücksichtigenden Einkommens

143 Nach den neuen Regelungen ist eine einheitliche Begrenzung des Arbeitsentgelts für alle oben aufgeführten Personengruppen in folgender Weise vorzunehmen:

a) Bei einem Verdienst bis zum 1,4fachen des Durchschnittsverdienstes (Anlage 4 AAÜG) ist der tatsächliche Verdienst der Berechnung der Entgeltpunkte zugrunde zu legen.

Jahreshöchstverdienste nach Anlage 4 AAÜG:

Kalenderjahr	Betrag in DM	Kalenderjahr	Betrag in DM
1950	4 456,20	1971	10 201,80
1951	4 771,20	1972	10 536,40
1952	5 079,20	1973	10 836,00
1953	5 436,20	1974	11 211,20
1954	5 819,80	1975	11 621,40
1955	5 975,20	1976	11 947,60
1956	6 148,80	1977	12 321,40
1957	6 371,40	1978	12 702,20
1958	6 788,60	1979	13 035,40
1959	7 236,60	1980	13 227,20
1960	7 459,20	1981	13 675,20
1961	7 606,20	1982	14 022,40
1962	7 798,00	1983	14 285,60
1963	7 964,60	1984	14 599,20
1964	8136,80	1985	14 911,40
1965	8 356,60	1986	15 554,00
1966	8 646,40	1987	16 227,40
1967	8 982,40	1988	16 816,80
1968	9 252,60	1989	17 348,80
1969	9 569,00	1.1.–30.6. 1990	19 214,00
1970	9 896,60		

Beispiel:

Karl M. war als Mitarbeiter des Rates des Bezirks Schwerin seit Februar 1979 in die freiwillige zusätzliche Altersversorgung der Mitarbeiter des Staatsapparates einbezogen. Von Februar 1979 bis Dezember 1979 belief sich sein monatliches Gehalt auf 1 010 M brutto. Diese Gehaltssumme ist der Berechnung seiner Rente zugrunde zu legen, denn mit ihr bleibt er unter dem 1,4fachen des Durchschnittsverdienstes: Die Jahresverdienstsumme des 1,4 fachen beträgt für das Jahr 1979 13 035,40 M (siehe obige Tabelle). Der Monatsbetrag beläuft sich entsprechend auf 1 086,28 M (13 035,40: 12 Monate).

b) Bei einem Verdienst zwischen den 1,4fachen und dem 1,6fachen (Anlage 8 AAÜG) des Durchschnittsverdienstes, ist das 1,4fache (Anlage 4 AAÜG) der Berechnung zugrunde zu legen:

Kalenderjahr	Betrag in DM	Kalenderjahr	Betrag in DM
1950	5 092,80	1971	11 659,20
1951	5 452,80	1972	12 041,60
1952	5 804,80	1973	12 384,00
1953	6 212,80	1974	12 812,80
1954	6 651,20	1975	13 281,60
1955	6 828,80	1976	13 654,40
1956	7 027,20	1977	14 081,60
1957	7 281,60	1978	14 516,80
1958	7 758,40	1979	14 897,60
1959	8 270,40	1980	15 116,80
1960	8 524,80	1981	15 628,80
1961	8 692,80	1982	16 025,60
1962	8 912,00	1983	16 326,40
1963	9 102,40	1984	16 684,80
1964	9 299,20	1985	17 041,60
1965	9 550,40	1986	17 776,00
1966	9 881,60	1987	18 545,60
1967	10 265,60	1988	19 219,20
1968	10 574,40	1989	19 827,20
1969	10 936,00	1.1.–30.6. 1990	21 856,00
1970	11 310,40		

c) Bei einem Verdienst über dem 1,6fachen des Durchschnittsverdienstes wird der doppelte Betrag des über dem 1,6fachen liegenden Entgelts vom 1,4fachcn abgezogen. Dabei darf der Betrag des Durchschnittsentgelts (Anlage 5 AAÜG) nicht unterschritten werden.

Wer über das 1,8 fache (Anlage 3 AAÜG) hinaus verdient hat, wird auf den Durchschnittsverdienst zurückgestuft. Bei einem Verdienst zwischen dem 1,6fachen und dem 1,8fachen erfolgt also eine gleitende Verstärkung der Verkürzung, die zu Werten zwischen dem 1,4fachen und dem 1,0fachen führt.

Jahresdurchschnittsverdienste nach Anlage 5 AAÜG:

Kalenderjahr	Betrag in DM	Kalenderjahr	Betrag in DM
1950	3 183,00	1961	5 433,00
1951	3 408,00	1962	5 570,00
1952	3 628,00	1963	5 689,00
1953	3 883,00	1964	5 812,00
1554	4 157,00	1965	5 969,00
1955	4 268,00	1966	6 176,00
1956	4 392,00	1967	6 416,00
1957	4 551,00	1968	6 609,00
1958	4 849,00	1969	6 835,00
1959	5 169,00	1970	7 069,00
1960	5 328,00	1971	7 287,00

Kalenderjahr	Betrag in DM	Kalenderjahr	Betrag in DM
1972	7 526,00	1982	10 016,00
1973	7 740,00	1983	10 204,00
1974	8 008,00	1984	10 428,00
1975	8 301,00	1985	10 651,00
1976	8 534,00	1986	11 110,00
1977	8 801,00	1987	11 591,00
1978	9 073,00	1988	12 012,00
1979	9 311,00	1989	12 392,00
1980	9 448,00	1.1.–30..6.1990	13 660,00
1981	9 768,00		

Jahresverdienste nach Anlage 3 AAÜG:

Kalenderjahr	Betrag in DM	Kalenderjahr	Betrag in DM
1950	7 250,03	1970	11 443,71
1951	6 855,84	1971	11 127,38
1. 1.–31. 8. 1952	6 781,84	1972	11 610,23
1. 9.–31. 12. 1952	8 476,97	1973	11 676,61
1953	8 605,85	1974	11 787,36
1954	8 836,85	1975	12 789,28
1955	8 445,95	1976	13 6o4,45
1956	8 160,30	1977	14 395,09
1957	8 122,01	1978	15 351,10
1958	8 187,77	1979	16 143,14
1959	8 857,72	1980	16 149,71
1960	8 907,52	1981	16 690,90
1961	8 727,98	1982	17 544,41
1962	8 665,15	1983	18 389,68
1963	8 780,27	1984	18 975,22
1964	9 060,96	1985	19 559,90
1965	9 313,16	1986	20 383,40
1966	9 739,04	1987	21 015,12
1967	10 548,13	1988	22 235,26
1968	11 703,75	1989	22 641,51
1969	11 777,61	1.1.–30.6.1990	24 619,65

Beispiel:

Im Dezember 1980 erhielt Karl M. ein Gehalt von 1 300 M. Er liegt damit über dem 1,6fachen des Durchschnittsverdienstes, der Summe von 1 259,73 M (siehe obiges Beispiel). Der übersteigende Betrag beläuft sich auf 40,27 M. Dieser Betrag ist zu verdoppeln. Das sind 80,54 M. Von dem 1,4fachen des Durchschnittsverdienstes, für 1980 sind das 1 102,27 M (siehe obiges Beispiel), sind nunmehr die 80,54 M abzuziehen. Das ergibt die Summe von 1 021,73 M, die für Dezember 1980 der Rentenberechnung für M. statt der tatsächlich erhaltenen 1 300 M zugrunde zu legen ist.

Heinz Sch., der ebenfalls in die freiwillige zusätzliche Altersversorgung der Mitarbeiter des Staatsapparates einbezogen war, erhielt im Dezember 1980 ein Gehalt von 1 400 M. Damit liegt er über dem 1,8fachen des Durchschnittsverdienstes (16 149,71 M für das Jahr 1980, für den Monat 1 345,81 M). Bei ihm erfolgt eine Rückstufung auf den Durchschnittsverdienst. Das sind für 1980 monatlich 787,33 M (9 448 : 12).

Eine besondere Begrenzung des zu berücksichtigenden Einkommens sieht das AAÜG für Mitarbeiter des MfS/AfNS vor. Für Zeiten der Zugehörigkeit zu diesem Sonderversorgungssystem wird das Arbeitsentgelt lediglich bis zum 0,7fachen des Durchschnittsentgelts aller Versicherten der Rentenberechnung zugrunde gelegt. Diese Höchstbeträge sind in eine weitere Tabelle des AAÜG aufgenommen worden *(Anlage 6 – hier nicht abgedruckt).*

Besitzschutz

144 Die Rente soll aus Besitzschutzgründen bei denjenigen, die berechtigt sind, eine Leistung aus der Zusatz- oder Sonderversorgung in Anspruch zu nehmen, nicht niedriger ausfallen als die nach früherem Recht (DDR-Rentenrecht und Übergangsrecht, das bis zum 31. Dezember 1991 maßgebend war) zu berechnende Rente. Unter diese Regelung fallen auch die Zusatz- und Sonderversorgungsberechtigten, deren Rente 1992 und 1993 beginnt. Für sie ist also noch nach altem Recht die Rente aus der Sozialversicherung und die Zusatz- oder Sonderversorgung zu berechnen. Ist der Gesamtbetrag aus dieser Berechnung höher als der nach den Regelungen des SGB VI zu errechnende Betrag, besteht auf ihn Anspruch. Allerdings wird der Gesamtbetrag nur bis zu einem bestimmten Höchstbetrag gezahlt.

152

Mit dem Rü-ErgG ist der Satz für Versichertenrenten von vorher 2 010 DM auf 2 700 DM festgelegt worden. Für Witwen- oder Witwerrenten sind es nunmehr 1 620 DM. Diese neuen Höchstbeträge gelten rückwirkend ab 1. August 1991.

Welchen Schutz
haben Rentner bei Krankheit
durch die Sozialversicherung?

145 Die Rentenversicherung selbst bietet für Rentner gegenüber dem Krankheitsrisiko keinen Schutz. Deshalb muß dieser Schutz ergänzend zur Rentengewährung für Rentner eingerichtet werden. Dies übernimmt die Krankenversicherung der Rentner (KVdR) im Rahmen der gesetzlichen Krankenversicherung.

Die KVdR wird von den Trägern der gesetzlichen Krankenversicherung, also den verschiedenen Krankenkassen (den Allgemeinen Ortskrankenkassen, den Betriebskrankenkassen, Innungskrankenkassen, Ersatzkassen u. a.) durchgeführt.

In der KVdR versicherte Rentner erhalten grundsätzlich die gleichen Leistungen wie die übrigen Vericherten in der Krankenversicherung, etwa wie die pflichtversicherten Arbeitnehmer. Sollten der Ehepartner und die Kinder des Rentners keinen Schutz der Krankenversicherung aus eigener Versicherung haben, sind sie auch bei KVdR-versicherten Rentnern über die sog. Familienversichung nach entsprechender Meldung durch den Rentner in den Schutz der Krankenversicherung einbezogen. Nur eine Leistung, die andere berechtigte Versicherte erhalten, bekommen Alters- und Erwerbsunfähigkeitsrentner nicht, nämlich Krankengeld.

Wer ist Mitglied der KVdR?

146 Die Mitgliedschaft in der KVdR ist eine Pflichtmitgliedschaft (§ 5 Abs. 1 Nr. 11 u. 12 SGB V). Die Voraussetzung für ihr Entstehen ist natürlich zunächst der Bezug einer Rente der Rentenversicherung. Dabei kommt es nicht auf die Rentenart an. Die Mitgliedschaft kann in der KVdR sowohl bei Bezug einer Rente aus eigener Versicherung, z. B. einer Altersrente, als auch bei einer Hinterbliebenenrente (wie

der Witwenrente) entstehen, wenn die weiteren geforderten persönlichen Voraussetzungen vorliegen.

Die Pflichtmitgliedschaft tritt nicht erst ein, wenn die Rente beginnt, sondern bereits dann, wenn die Voraussetzungen für den Rentenanspruch erfüllt sind und die Rente beantragt wurde.

Praxishinweis: *Der Tag der Rentenantragstellung ist der Tag des Beginns der Pflichtmitgliedschaft in der KVdR (§ 186 Abs. 9 SGB V). Von diesem Tage an besteht bis zum Zugang des Rentenbescheids daher auch die Pflicht für den Rentenantragsteller, die Beiträge zur Krankenversicherung an die Krankenkasse vorerst selbst zu zahlen, und zwar in voller Höhe des Beitragssatzes der entsprechenden Krankenkasse (§§ 239, 240 SGB V). Der Teil der Beiträge, den der Rentenversicherer zu übernehmen hat (vom Zeitpunkt des Rentenbeginns an), ist an den Versicherten von der Krankenkasse zurückzuzahlen, wenn die Rente bewilligt wurde. Wird der Rentenantrag zurückgenommen oder wird ihm nicht stattgegeben und eine Rente nicht gewährt, erfolgt keine Rückzahlung der vom Rentenantragsteller zunächst verauslagten Beiträge. Beiträge, die zwischen Rentenantragstellung und Rentenbeginn gezahlt wurden, werden ebenfalls nicht zurückgezahlt.*

Eine Pflicht zur Beitragszahlung zur KVdR besteht für den Rentenantragsteller aber dann nicht, wenn ein Krankenversicherungsschutz über die Familienversicherung vorhanden ist (z. B. der Ehegatte des Rentenantragstellers ist [kranken-]versicherungspflichtiger Arbeitnehmer). Die KVdR verdrängt zwar auch ab Rentenantragstellung eine bestehende Mitgliedschaft durch die Familienversicherung, die Beitragspflicht besteht aber erst ab Rentenbewilligung. Die Pflicht, Beiträge zu zahlen, besteht ebenso nicht für die Antragsteller einer Witwen- oder Witwerrente.

Aus dieser Lage folgt für den Rentenantragsteller zu überlegen, ob es für ihn ratsam ist, den Rentenantrag möglichst früh zu stellen, um den Schutz der Krankenversicherung zu erreichen oder möglichst spät, um Beitragszahlungen zur KVdR zu begrenzen.

Die Pflichtmitgliedschaft in der KVdR tritt für den Rentenantragsteller und später für den Rentenbezieher nicht ein, wenn aus anderen Gründen bereits eine Pflichtmitgliedschaft in der Krankenversicherung besteht. Insbesondere gilt dies für den Fall, daß noch Krankenversicherungspflicht als Arbeitnehmer besteht. Die KVdR verdrängt auch nicht die Mitgliedschaft in der Krankenversicherung aufgrund des Bezugs von Arbeitslosengeld, Arbeitslosenhilfe oder Altersübergangsgeld.

147 Die Pflichtmitgliedschaft in der KVdR ist vom Vorliegen einer weiteren persönlichen Voraussetzung abhängig. Sie tritt nur dann ein, wenn eine bestimmte Vorversicherungszeit zurückgelegt worden ist. Damit ist gemeint, daß der Rentenantragsteller bzw. Rentenbezieher im Verlaufe seines Lebens bereits eine bestimmte Zeit als Mitglied in der Krankenversicherung zurückgelegt haben muß. Die Zeitspanne, die für das Erfordernis der Vorversicherungszeit geprüft wird, ist die Spanne zwischen der erstmaligen Aufnahme einer Erwerbstätigkeit (z.B. mit dem Beginn der Berufsausbildung) und dem Zeitpunkt der Antragstellung für die Rente. Mindestens für neun Zehntel der zweiten Hälfte dieser Rahmenfrist muß eine Pflichtversicherung in der gesetzlichen Krankenversicherung bestanden haben, damit dem Erfordernis der Vorversicherungszeit entsprochen ist.

Beispiel:

Frau Lehmann beantragte am 1. November 1993 ihre Altersrente. Sie hatte zum 1. Oktober 1949 eine Lehre als Schneiderin aufgenommen. Die Zeitspanne (Rahmenfrist) zwischen erstmaliger Aufnahme einer Erwerbstätigkeit und dem Zeitpunkt der Rentenantragstellung beträgt für sie genau 44 Jahre. Die zweite Hälfte dieser Rahmenfrist, das sind die 22 Jahre nach dem 1. Oktober 1971, muß sie zu neun Zehnteln Pflichtversicherte in der Krankenversicherung gewesen sein. Für Frau Lehmann bedeutet dies, daß sie ab dem 1. Oktober 1971 insgesamt 19 Jahre, 9 Monate und 18 Tage Pflichtversicherte der Krankenversicherung bzw. Mitglied der Sozialversicherung der DDR gewesen sein muß.

Die Zeit einer Familienversicherung wird für die Erfüllung der Vorversicherungszeit gleichfalls berücksichtigt.

148 Bei einer Rentenantragstellung bis zum 31. Dezember 1993 bestanden erleichterte Bedingungen für die Erfüllung der Vorversicherungszeit. Rentenantragsteller brauchten nur mindestens überhaupt die Hälfte der

Rahmenfrist, frühestens seit dem 1. Januar 1950 Mitglied der Krankenversicherung gewesen zu sein.

In Ostdeutschland ist die Zeit, die in der Sozialversicherung der Arbeiter und Angestellten der DDR (bis 31. Dezember 1990) oder der Sozialversicherung bei der Staatlichen Versicherung der DDR oder in einem Sonderversorgungssystem zurückgelegt worden ist, einer Pflichtversicherung in der gesetzlichen Krankenversicherung gleichgestellt.

Für diejenigen, die diese Voraussetzungen für die Versicherungspflicht 149 in der KVdR nicht erfüllen, besteht die Möglichkeit zur freiwilligen Versicherung in der Krankenversicherung. Bedingung ist, daß sie zuletzt Pflichtmitglied der Krankenversicherung waren und innerhalb von 3 Monaten nach der Beendigung der Pflichtmitgliedschaft den Beitritt erklärt haben. Auf Antrag erhält der Rentner, der freiwilliges Mitglied der Krankenversicherung ist, von seinem Rentenversicherer einen Zuschuß zu seinem Krankenversicherungsbeitrag in Höhe des halben Beitrags als KVdR-Versicherter. Einen Zuschuß erhalten auch Personen, die als Rentner einer privaten Versicherung angehören.

Auf Antrag kann sich jeder Versicherungspflichtige in der KVdR von 150 dieser Pflicht befreien lassen, ohne daß er hierfür einen Grund angeben muß. Dieser Antrag ist gegenüber der Krankenkasse abzugeben, die für die KVdR zuständig wäre. Die Möglichkeit, einen Befreiungsantrag zu stellen, ist nur innerhalb einer Frist von 3 Monaten nach dem Beginn der Versicherungspflicht möglich. In aller Regel ist ein solcher Antrag also nur innerhalb von 3 Monaten ab dem Tag der Rentenantragstellung möglich.

Eine einmal erfolgte Befreiung kann nicht widerrufen werden. Die Befreiung hat zur Folge, daß bei laufendem Rentenbezug auch aus anderen Gründen keine Versicherungspflicht in der Krankenversicherung entstehen kann, z.B. weil der Rentner in ein nicht nur geringfügiges Beschäftigungsverhältnis eintritt.

Welche Beiträge sind an die Krankenkasse zu zahlen?

1. Rentenantragsteller

Bei ihnen kann die Höhe des zu zahlenden Beitrags noch nicht aus 151 dem Betrag der Rente berechnet werden, weil die Rentenberechnung noch aussteht. Deshalb ist der Beitrag aus den Einnahmen zum Lebensunterhalt zu errechnen, wobei ein Mindestbetrag nicht unterschritten werden darf. Der Mindestbetrag wird aus der sog. Bezugsgröße (die dem Durchschnittsverdienst der Versicherten in der Rentenversicherung entspricht) abgeleitet. Für jeden Kalendertag ist der 90. Teil der Bezugsgröße der Beitragsberechnung zugrunde zu legen. Maßgebend für die Beitragshöhe ist außerdem der konkrete, ermäßigte Beitragssatz (ermäßigt, weil kein Anspruch auf Krankengeld besteht) der jeweiligen Krankenkasse.

Praxishinweis: *Die Bezugsgröße beträgt für Ostdeutschland für 1994 3 080 DM. Daraus errechnet sich der Wert von 34,22 DM (90. Teil), der für jeden Kalendertag im Jahre 1994 mindestens für die Beitragsberechnung zugrunde zu legen ist. Unterstellt, daß der ermäßigte Beitragssatz bei der Krankenkasse X. 12,5 % beträgt, ergibt sich ein Monatsbeitrag (Mindestbeitrag für den Rentenantragsteller) von 128,64 DM (34,22 DM × 30 Tage = 1 026,60 DM Monatsentgelt. 12,5 % davon sind 128,33 DM).*

2. Rentner

152 Bei Rentnern wird der Beitrag für die Krankenversicherung aus der Rente berechnet, Das sieht das Gesetz auch für den Fall vor, daß die Pflichtmitgliedschaft in der Krankenversicherung nicht durch die KVdR, sondern auf andere Weise begründet ist, z. B. durch das weitere Bestehen des Arbeitsverhältnisses des Rentners.

Der Beitragsberechnung aus der Rente wird nicht der Beitragssatz der jeweiligen Krankenkasse zugrunde gelegt, bei der der Rentner Mitglied ist, sondern ein durchschnittlicher allgemeiner Beitragssatz der Krankenkassen (§ 247 SGB V).

Dieser einheitliche Beitragssatz unterliegt der jährlichen Anpassung und beträgt für Ostdeutschland zur Zeit 12,5 %. Rentenversicherer und Rentner tragen diesen Beitrag je zur Hälfte. Von der Rente werden also regelmäßig 6,25 % abgezogen, vom Rentenversicherer einbehalten und zusammen mit den von ihm hinzugefügten 6,25 % des Rentenbetrages an die Krankenkasse gezahlt.

Sollte der Rentner ein Arbeitsentgelt aus einer nicht mehr geringfügigen Beschäftigung erhalten (1994 mehr als 440 DM), sind auch für dieses Arbeitsentgelt vom Arbeitgeber Beiträge für die Krankenkasse (auf der Grundlage des Beitragsatzes der jeweiligen Krankenkasse) zu berechnen und abzuführen.

Welche Krankenkasse ist für die KVdR zuständig?

Diejenige Krankenkasse, bei der der Rentner oder Rentenantragsteller 153 zuletzt versichert war, ist grundsätzlich für die KVdR zuständig.

Nach diesem Grundsatz ist auch dann zu verfahren, wenn zuletzt eine Mitgliedschaft als Familienversicherter bestanden hat oder eine Hinterbliebenenrente beantragt oder bezogen wird.

In bestimmter Weise kann auch ein Wahlrecht für eine Kasse wahrgenommen werden. Verheiratete Rentner können zur Krankenkasse des Ehepartners wechseln. Es kann auch jeweils die Mitgliedschaft bei der AOK des Wohnortes beantragt werden. Für Hinterbliebene besteht die Möglichkeit zur Kasse des Verstorbenen zu wechseln, und für den Fall, daß im Erwerbsleben die Mitgliedschaft in einer Ersatzkasse möglich war, kann der Renter auch KVdR-Mitglied in einer Ersatzkasse werden.

Über den Rentenantrag wird die zuständige Krankenkasse mit der „Meldung zur Krankenversicherung der Rentner" (§ 201 Abs. 1 SGB V) von der den Rentenantrag entgegennehmenden Stelle unterrichtet. Hierfür ist vom Rentenantragsteller ein Meldevordruck (eine Anlage zum Rentenantrag) auszufüllen. Die Krankenkasse prüft dann, ob die Voraussetzungen für die KVdR vorliegen und entscheidet über die Mitgliedschaft.

Was ist beim Rentenantrag zu beachten?

154 Bei der Rente verhält es sich wie bei vielen anderen Sozialleistungen: Wer sie erhalten will, muß grundsätzlich dafür einen entsprechenden Antrag stellen (§ 115 SGB VI).

Abweichend von diesem Grundsatz werden von der Rentenversicherung einige Leistungen gewährt, ohne daß es eines Antrages bedarf. So können Leistungen zur Rehabilitation von Amts wegen erbracht werden, wenn die Versicherten zustimmen (§ 115 Abs. 4 SGB VI). Ebenso erfolgt die Umwandlung einer Rente wegen verminderter Erwerbsfähigkeit oder einer Erziehungsrente in eine Regelaltersrente ohne Antragstellung. Mit Erreichen des 45. Lebensjahres wird „automatisch" die große Witwen- oder Witwerrente gezahlt, wenn zuvor die kleine bezogen wurde (§ 115 Abs. 3 SGB VI).

Ändern sich die Verhältnisse des Rentenbeziehers und ist deswegen eine niedrigere Rente zu zahlen (z. B. bei Überschreiten von Hinzuverdienstgrenzen), wird die Rente auch ohne Antrag gekürzt.

Wann sollte der Antrag gestellt werden?

155 Der Zeitpunkt der Antragstellung kann sich auf den Beginn der Rente auswirken. Die Renten aus **eigener Versicherung** (nicht die aus der Versicherung des Verstorbenen abgeleiteten Hinterbliebenenrenten), die Altersrenten und Renten wegen verminderter Erwerbsfähigkeit sowie die Erziehungsrente beginnen ab dem 1. Tag des Kalendermonats, **zu dessen Beginn** die Voraussetzungen für den Anspruch erfüllt sind, § 99 Abs. 1 SGB VI. Da der Monat an seinem 1. Tag um 0.00 Uhr anfängt, müssen um 0.00 Uhr die Voraussetzungen erfüllt sein, d. h. also regelmäßig im Vormonat. (Im Unterschied hierzu begannen die Renten nach DDR-Recht mit dem Monat, in dem das Rentenalter erreicht wurde.)

160

Beispiel:

Richard F., Freital, feierte am 13. November 1993 seinen 65. Geburtstag. Er hat am 12. November 1993 sein 65. Lebensjahr vollendet und über 30 Jahre allein als Stahl-werker eine versicherungspflichtige Beschäftigung ausgeübt. Er kann also viel mehr Beitragsjahre nachweisen, als für den Bezug der Regelaltersrente mit der allgemei-nen Wartezeit von 5 Jahren gefordert werden. Damit sind im November die Vorausset-zungen für diese Rente von ihm erfüllt, und seine Rente kann am 1. Dezember 1993 beginnen.

(Ein Versicherter, der am 1. Tag eines Monats geboren ist, hat am letzten Tag des vor-ausgegangenen Monats das geforderte Lebensjahr vollendet und kann folglich seine Rente ab seinem Geburtstag erhalten.)

Die Rente wird aber tatsächlich nur dann ab diesem Monat gezahlt, wenn der Rentenantrag rechtzeitig gestellt wird, d. h. innerhalb von 3 Monaten nach Ablauf des Monats, in dem die Anspruchsvoraussetzungen erfüllt sind.

Beispiel:

Wenn Richard F. (obiges Beispiel), bei dem die Anspruchsvoraussetzungen für den Rentenbezug im November 1993 erfüllt sind, auf keine Rentenleistung verzichten will, muß er seine Rente innerhalb von drei Monaten nach Ablauf des Monats Novem-ber, also spätestens im Februar 1994, beantragen.

Sollte der Antrag erst später gestellt werden, gehen Rentenzahlungen verloren, denn die Rentenleistung beginnt dann erst mit dem Monat, in dem der Antrag eingereicht wurde. Eine Nachzahlung der Rente (wie in der DDR bis zu 3 Jahren) erfolgt nicht.

Praxishinweis: *Wenn aus irgendwelchen Gründen die Einhaltung der Frist für den ordnungsgemäßen Antrag gefährdet erscheint, z. B. weil die nötigen Unterlagen nicht rechtzeitig beschafft wer-den können, empfiehlt es sich, zur Fristwahrung zunächst einen formlosen Antrag zu stellen. (Der formlose Antrag muß außer den*

Personenangaben – Name, Geburtsdatum, Anschrift – und der Ver-
sicherungsnummer, lediglich den erklärten Willen beinhalten, die
Rente zu beantragen.) Das sorgsam ausgefüllte Antragsformular
und die zusätzlichen Unterlagen müssen für die Bearbeitung natür-
lich nachgereicht werden.

Eine **Hinterbliebenenrente** wird ggf. länger rückwirkend von der
Antragstellung – für einen Zeitraum bis zu 12 Monaten – gezahlt (§ 99
Abs. 2 SGB VI).

Praxishinweis: *Versicherte haben meistens großes Interesse*
daran, daß möglichst frühzeitig ab Rentenbeginn auch die Rente
gezahlt wird. Sie wollen dies dadurch erreichen, daß sie schon vor
Rentenbeginn (dem Erreichen des Rentenalters) den Antrag stel-
len. Vom Gesetz her sind hierfür keine Regelungen vorgesehen,
und aus den Vorschriften für die Rentenberechnung selbst könnte
man schließen, daß ein Rentenantrag vor Rentenbeginn nicht mög-
lich ist, denn der Versicherungsverlauf bis zum Rentenbeginn muß
ja nachgewiesen werden.

Die Träger der Rentenversicherung sind aber, um eine frühzeitige
Rentenzahlung und einen möglichst nahtlosen Übergang vom
Arbeitsentgelt zur Rente zu gewährleisten, in ihrer Arbeitsweise
darauf eingestellt, Rentenanträge bereits 3 Monate vor Rentenbe-
ginn anzunehmen. Die Arbeitgeber sind, um eine ordnungsge-
mäße Berechnung der Rente zu ermöglichen, verpflichtet (§ 194
SGB VI), bei einer beabsichtigten vorzeitigen Abgabe des Renten-
antrags durch den Arbeitnehmer, eine Bescheinigung über das zu
berücksichtigende Arbeitsentgelt für die 3 Monate im Voraus aus-
zustellen. Ist für den Arbeitgeber die Höhe des Arbeitsentgelts
nicht voraussehbar, wird der Durchschnittswert der letzten 6
Monate zugrunde gelegt. Stellt sich später heraus, daß das tatsäch-
liche Arbeitsentgelt nicht mit dem vorher bescheinigten überein-
stimmt, wird deshalb keine Korrektur der erfolgten Rentenberech-
nung vorgenommen.

Wer also den Antrag 3 Monate vorzeitig abgeben will, sollte sich
rechtzeitig – wiederum einige Monate vorher – das Antragsformu-
lar samt den erläuternden Hinweisen zum Antrag von der Renten-

versicherung oder der Gemeindeverwaltung aushändigen lassen,
um die erforderlichen Unterlagen sorgfältig vorbereiten zu kön-
nen.

Bei der Entscheidung zur vorzeitigen Abgabe des Rentenantrags
sollte auch der Umstand mit beachtet werden, daß ab dem Tag der
Antragstellung die Versicherungspflicht in der Krankenversiche-
rung der Rentner beginnt. Das kann zur Folge haben, daß auch
der volle Beitrag zur Krankenversicherung bis zur Bewilligung
der Rente gezahlt werden muß und dann nicht damit gerechnet
werden kann, daß ein Teil der gezahlten Beiträge bis zum Renten-
beginn zurückgezahlt wird (vgl. im einzelnen Rz. 146).

Der Versicherte muß den Antrag nicht persönlich einreichen. Er darf
sich durch einen von ihm Bevollmächtigten vertreten lassen, muß aber
bestimmte Unterschriften eigenhändig leisten.

Wo kann der Antrag abgegeben werden?

Um eine möglichst schnelle Bearbeitung des Rentenantrags zu sichern, 156
ist es natürlich empfehlenswert, den Antrag bei der zuständigen Stelle
der Rentenversicherung einzureichen. Zuständig für die Rentenberechnung ist der Träger der Rentenversicherung, der die letzte Beitragszahlung vor der Antragstellung erhalten hat. Die BfA ist dies bei Angestellten, eine der LVA bei Arbeitern.

Praxishinweis: *Sind Zeiten in einem Zusatz- oder Sonderversor-*
gungssystem der DDR zurückgelegt worden, ist die zuständige
Stelle für die Bearbeitung des Rentenantrags die BfA auch dann,
wenn die letzte Beitragszahlung an eine LVA gegangen ist.

Für bestimmte Beschäftigtengruppen (im Bergbau, in der Seefahrt, bei
der Bahn) sind spezielle Träger zuständig.

Wurde der Antrag bei einem unzuständigen Träger der Rentenversicherung eingereicht, ist dieser verpflichtet, den Antrag unverzüglich an
den zuständigen Träger weiterzuleiten. Die gleiche Verpflichtung hat

auch jeder andere Träger im Sozialleistungsbereich, z. B. eine Krankenkasse. Maßgebend für die Leistungsgewährung ist nicht der Termin
des Eingangs des Antrags beim zuständigen Leistungsträger, sondern
die Abgabe des Antrags auch beim unzuständigen Leistungsträger.
Durch einen Irrtum über die Zuständigkeit können einem Rentenantragsteller insofern keine rechtlichen Nachteile entstehen. Allerdings kann
dadurch die Bearbeitung hinausgezögert werden.

Schließlich kann der Rentenantrag bei der Gemeindeverwaltung abgegeben werden, die ihn dann auch an den zuständigen Träger weiterlei-
tet.

Wirkungen des Rentenantrags

157 Der Antrag setzt das Verwaltungsverfahren zur Entscheidung über die
Bewilligung der Rente und die Berechnung ihrer Höhe in Gang. Der
Träger der Rentenversicherung hat bei der Bearbeitung die für die Ent-
scheidung maßgeblichen Umstände zu erfassen und zu berücksichti-
gen; der Antragsteller ist rechtlich verpflichtet, durch die Angabe von
Tatsachen, das Vorlegen von Beweisdokumenten, ggf. auch durch per-
sönliches Erscheinen mitzuwirken (§§ 60 ff. SGB I). Kommt der
Antragsteller seinen Verpflichtungen zur Mitwirkung nicht nach, kann
der Träger der Rentenversicherung die Rente bis zum Nachholen der
Mitwirkung ganz oder teilweise verweigern.

Die Bearbeitung des Rentenantrags erfolgt in dieser ersten Phase nach
der Überleitung des bundesdeutschen Rentenrechts auf die jungen Bundesländer wegen der Masse der Rentenanträge, wegen der unzureichenden Datenlage und aus anderen Gründen in einem so langen Zeitraum,
daß dies für die Antragsteller nicht zu akzeptieren ist. Ihnen drohen
wirtschaftliche Schwierigkeiten.

Sie müssen aber deshalb nicht den Gang zum Sozialamt antreten, um
Sozialhilfe zu beantragen.

158 Steht nach dem Stellen des Rentenantrags fest, daß wegen der zurückgelegten Beitragsjahre (Erfüllung der Wartezeit) und der Beitragszahlungen dem Grunde nach ein Anspruch auf die Rente besteht, **kann** der
Träger der Rentenversicherung **Vorschüsse** zahlen. Er **muß** in einer solchen Situation Vorschüsse zahlen, wenn dies der Berechtigte beantragt

(§ 42 SGB I). In diesem Fall hat die Vorschußzahlung spätestens nach Ablauf eines Kalendermonats seit Antragstellung zu beginnen.

Praxishinweis: *Die Träger der Rentenversicherung verlangen mit den Formularen zur Vorschußzahlung eine Begründung für die Forderung zur Vorschußzahlung, nämlich das Offenlegen der Einkommenssituation des Antragstellers und – sofern vorhanden – des Ehepartners. Die Forderung zur Begründung entspricht nicht der Gesetzeslage (§ 42 SGB I), nach der es allein auf den Antrag und auf den Umstand ankommt, daß der Leistungsträger voraussichtlich eine längere Zeit braucht, um den Antrag zu bearbeiten.*

Sollte die Vorschußzahlung höher ausgefallen sein als die dann berechnete Rente, hat der Träger der Rentenversicherung einen Anspruch auf Erstattung.

Das Ergebnis der Bearbeitung des Rentenantrags ist der **Rentenbescheid,** der aus mehreren Teilen besteht. 159

Im ersten Teil wird dem Versicherten die Entscheidung über die Bewilligung der Rente, ihre Höhe, ihren Beginn und eventuelle Nachzahlungen mitgeteilt. Weitere Teile listen den Verlauf des Versicherungslebens auf, führen die Berechnung der Entgeltpunkte vor und enthalten weitere Begründungen für die Entscheidung.

Praxishinweis: *Der Bescheid über die Rente sollte sofort nach Erhalt sorgfältig überprüft werden. Die Prüfung braucht sich weniger auf die rechnerisch richtige Feststellung der Entgeltpunkte zu konzentrieren, denn diese wurde maschinell vorgenommen. Sie ist vor allem auf den Versicherungsverlauf, auf die richtige Angabe der rentenrechtlichen Zeiten und die korrekte Bezifferung der Entgeltsummen auszurichten, denn diese Daten wurden „per Hand" erstellt und sind somit weniger vor Fehlern gefeit.*

Innerhalb eines Monats nach dem Erhalt des Rentenbescheids kann der Empfänger mehrere wichtige Entscheidungen treffen:

160 – Er kann, wenn die Überprüfung zeigt, daß die Rente falsch berechnet wurde, eine Korrektur dadurch erreichen, daß er (formlos) **Widerspruch** bei dem Träger der Rentenversicherung einlegt (§§ 83 ff. Sozialgerichtsgesetz). Aufgrund des eingelegten Widerspruchs wird ein besonderes verwaltungsrechtliches Verfahren in Gang gesetzt, in dem der Träger seine Entscheidung überprüft. Im Ergebnis kann eine Korrektur durch einen neuen Rentenbescheid erfolgen oder ein Widerspruchsbescheid erteilt werden.

Sollte auch der Widerspruchsbescheid nicht zufriedenstellen, ist innerhalb eines Monats nach seiner Bekanntgabe eine Klage vor dem Sozialgericht zulässig (§§ 87 ff. Sozialgerichtsgesetz). Ohne vorheriges Widerspruchsverfahren ist eine Klage vor dem Sozialgericht nicht möglich.

Praxishinweis: *Sowohl das Widerspruchsverfahren wie das sozialgerichtliche Verfahren sind für den Rentner grundsätzlich nicht mit Kosten verbunden.*

161 – nach Erhalt des Rentenbescheids kann der **Rentenantrag** (formlos) **zurückgenommen** werden, ohne daß es einer Begründung bedarf. Dadurch ist alles gegenstandslos geworden. Der Rentenantrag kann zu einem späteren Zeitpunkt erneut gestellt werden.

Durch die Antragsrücknahme kann z. B. verhindert werden, daß die Rente auf eine andere Leistung angerechnet wird.

Praxishinweis: *Sollte eine Leistung wie Altersübergangsgeld oder Krankengeld (!) günstiger sein, kann sie durch die Rücknahme des Rentenantrags weiter bezogen werden, sofern natürlich die dafür geforderten Voraussetzungen erfüllt werden. Bei dem Abwägen der Vor- und Nachteile des Bezugs einer anderen Sozialleistung sollte auch beachtet werden, daß sie mit Beitragszahlungen zur Rentenversicherung verbunden ist und so die künftige Rente aufgestockt wird. Den dadurch erreichbaren Vorteil für die Rente kann man sich leicht ausrechnen (vgl. Rz. 88).*

Nachzahlungen der Rente können mit einem Anspruch auf **Zinsen** von 162
4 % verbunden sein (§ 44 SGB I). Die Verzinsung erfolgt aber nicht
mit jeder säumigen Rentenzahlung seit Rentenbeginn, sondern erst
nach Ablauf eines Kalendermonats nach dem Eintritt der Fälligkeit bis
zum Ablauf des Kalendermonats vor der Zahlung. Außerdem beginnt
sie frühestens nach Ablauf von 6 Monaten nach Eingang des vollständigen Rentenantrags bei dem zuständigen Träger der Rentenversicherung (für die Berechnung der Frist für Verzinsungsansprüche ist der
Eingang beim zuständigen [also nicht unzuständigen] Träger der Rentenversicherung durchaus beachtlich, vgl. Rz. 156).

Beispiel:

*Franz B., Nauen, hat am 12. März 1993 seinen vollständig ausgefüllten Rentenan-
trag bei der für ihn zuständigen BfA abgegeben. Seine Rente begann am 1. Oktober
1993. Am 28. Februar 1994 erhält er die erste laufende Rentenzahlung für März
1994 sowie die Nachzahlung ab Oktober 1993. Der Verzinsungszeitraum bestimmt
sich bei ihm wie folgt: Die Frist von 6 Monaten nach dem Antragseingang ist am
30. September abgelaufen. Die Frist für die Verzinsung beginnt daher ab dem
1. November 1993 (nach Ablauf eines Kalendermonats nach Ablauf der Fälligkeit).
Die Rente für Oktober ist ab 1. November, die Rente für November ist ab 1. Dezember usf. zu verzinsen. Der aufgelaufene Betrag ist aber nicht mehr für den Monat
Februar 1994 zu verzinsen, denn in diesem Monat erfolgte die Zahlung.
Die Berechnungsformel für die Zinsen berücksichtigt jeden Monat mit 30 Tagen. Der
in den einzelnen Monaten aufgelaufene Betrag ist mit 4 % und 30 Tagen zu multiplizieren sowie durch 360 Tage (4 % p. a.) zu teilen: Also Betrag × 4 × 30 : 360 = Zinsen für den jeweiligen Monat.*

Anhang

Die Träger der Rentenversicherung

LVA Berlin
Messedamm 1
14057 Berlin
Tel.: (0 30) 30 02 – 1

LVA Brandenburg
Kosmonautensteig 16
15236 Frankfurt (Oder)
Tel.: (03 35) 55 35 – 0
Postanschrift:
Postfach 772
15207 Frankfurt (Oder)

LVA Mecklenburg-Vorpommern
Neustrelitzer Straße 120/Block D
17033 Neubrandenburg
Tel.: (03 95) 445 – 0
Postanschrift:
Postfach 1706
17007 Neubrandenburg

LVA Sachsen
Georg- Schumann-Straße 146
04159 Leipzig
Tel.: (03 41) 5 50 55

LVA Sachsen-Anhalt
Paracelsiusstraße 21
06114 Halle
Tel.: (03 45) 51 00 – 0

LVA Thüringen
Kranichfelder Straße 3
99097 Erfurt
Tel.: (03 61) 4 82 – 0
Postanschrift:
Postfach 221
99005 Erfurt

BfA
Ruhrstraße 2
10709 Berlin
Tel.: (0 30) 86 5 – 1

Bundesbahn-Versicherungsanstalt
Bezirksleitung Cottbus
03048 Cottbus
Vetschauer Straße 66
Tel.: (03 55) 44 51 99

Bundesknappschaft
Verwaltungsstelle Chemnitz
Jagdschänkestr. 50
09117 Chemnitz
Tel.: (03 71) 80 10

Verwaltungsstelle Cottbus
Makarenkostraße 4
03050 Cottbus
Tel.: (03 55) 59 40

Seekasse
DSR-Haus
18147 Rostock-Überseehafen
Tel.: (03 81) 36 62 16 07

Auskunfts- und Beratungsstellen der BfA:

(Ratsuchende sollten einen Beratungstermin vereinbaren. Außer den hier angegebenen Stellen hat die BfA eine Vielzahl von örtlichen Beratungsstellen eingerichtet.)

Wallstraße 9 -13
(Am Spittelmarkt)
10179 **Berlin**
Tel.: (0 30) 2 00 09 24

Körnerstraße 5–7
09130 **Chemnitz**
Tel.: (03 71) 42 02 84

Thiemstraße 130
03048 **Cottbus**
Tel.: (03 55) 4 77 05 01 – 03

Schandauer Str. 60
01277 **Dresden**
Tel.: (03 51) 3 46 25 18

Blosenburgstraße 20
99096 **Erfurt**
Tel.: (03 61) 34 31

Karl-Marx-Straße 2
Odertum/Eing. Brunnenplatz
15230 **Frankfurt**
Tel.: (03 35) 2 32 67

Taubestraße 2
An der Himmelsleiter
07545 **Gera**
Tel.: (03 65) 3 44 91

Delitzscher Straße 79
Endhaltestelle der Straßenbahnlinie 9
06112 **Halle**
Tel.: (03 45) 50 34 31

Nordstraße 17
04105 **Leipzig**
Tel.: (03 41) 28 61 03

Olvenstedter Straße 10
39108 **Magdeburg**
Tel.: (03 91) 34 49 11

Brodaer Straße 11
17033 **Neubrandenburg**
Tel.: (03 95) 44 29 35

Heinrich-Mann-Allee 103/
Horstweg, Haus 8
14473 **Potsdam**
Tel.: (03 31) 86 43 05

Doberaner Straße 10–12
18057 **Rostock**
Tel.: (03 81) 45 57 00

Schmiedestraße 10–12
19053 **Schwerin**
Tel.: (03 85) 86 58 89

Kornbergstraße 3
98528 **Suhl**
Tel.: (0 36 81) 42 04 52

Sachregister

(Die Ziffern nach dem Stichwort verweisen auf die Randziffern.)

174